Arne-Nils Forchheim
Warum der Löwe nicht betet

AF210676

Inhalt:

Arne-Nils Forchheim lenkt sein Augenmerk auf die
Möglichkeit dem Leser nicht nur Wissen zu vermitteln,
sondern auch praktische Lösungen an die Hand zu geben.
Schritt für Schritt wird der Leser auf die Fährte verschie-
denster Fallen des täglichen Lebens geführt, die meistens gar
nicht so offensichtlich sind.

"Dann geh doch zu Deiner Mutter!" hat bis heute eine
wesentliche Bedeutung für Mann und Frau, weil im Ernstfall
"Sie" zu Ihrer Mutter geht und *"Er"*, im übertragenen Sinne,
seine Mutter heiratet.

„*Warum der Löwe nicht betet!*" wird Sie mit einem
Augenzwinkern daran erinnern, wer Sie sind und was Sie
können, wenn Sie wollen.

Autor:

Arne-Nils Forchheim, Jahrgang 1963, hat nach
ereignisreichen Jahren Wege gefunden, die ihn zu
mehr Ruhe, inneren Frieden und Glück führten. Als
Berater von Prominenten, Bankern und Menschen wie
Du und ich, wurde er auch immer mehr zum
Beichtvater, Psychotherapeuten und Lebensberater.
Die Erfahrungen und Erkenntnisse hat er im
vorliegenden Buch zusammengefasst.

Arne-Nils Forchheim

Warum der Löwe nicht betet

Aus dem Beichtstuhl!

-- veritas vos libera --
Die Wahrheit wird euch befreien

Der Auftakt zur Serie
Die Energieräuber™

Die Energieräuber™ ist ein eingetragenes Warenzeichen von
Arne Forchheim.

Bibliographische Information Der Deutschen Bibliothek: Die Deutsche Bibliothek verzeichnet diese Publikation in der Deutschen Nationalbibliographie; detaillierte bibliographische Daten sind im Internet über http://dnb.ddb.de abrufbar.

©Arne Forchheim 2008
Herstellung und Verlag: Books on Demand GmbH, Norderstedt
ISBN: 97983837012224

Danksagung:

Danke an alle, die dieses Buch möglich gemacht haben, insbesondere meine Gesprächspartner. Wir hatten, trotz bewegender Themen, viel Spass.

Die zum Teil niederschmetternde Kritik, aber besonders auch der Mut, der mir gemacht wurde dieses Buch zu veröffentlichen, bestärkten mich darin es zu tun. Dank an meine Kritiker. Dank an meine Förderer.

Besonderer Dank gilt:

Heike Dunkel für die Unmengen an *„Arbeitsaufträgen"*, mit denen Sie immer wieder kritisch für Ordnung sorgte.
Jane Willer, für die wunderbar direkte Art der Kritik und die Unterstützung die sie mir zuteil werden ließ.
Sabine Grages, die als Erste die Rohfassung gelesen hat und köstliche Anmerkungen schrieb.
Ingrid Geiberger, meiner besten Freundin, die mich immer wieder ermunterte weiter zu machen.
Holger Alexi und Christoph Wildfang.

Sicherheitshinweis

Der Autor dieses Buches gibt hier keine medizinischen Empfehlungen. Die in diesem Buch ausgeführten Vorschläge und Lösungsmöglichkeiten ersetzen in keiner Weise – ob direkt oder indirekt – eine ärztliche Behandlung bei Schmerzen oder Symptomen.

Absicht des Autors ist es hier Informationen anzubieten, um in dem Streben nach Gesundheit voran zu kommen. Es liegt in der Verantwortung des Lesers dieses Buches Lösungsmöglichkeiten für sich anzuwenden.

Es wird so sein, dass Sie sich in mindestens drei bis fünf Stellen des Buches selbst erkennen. Namen, Orte, Handlungen sind stark verändert um die Identität des Einzelnen zu schützen. Dennoch wird der/die eine oder andere sich wiedererkennen. Das ist aber nicht beabsichtigt.

Woran merke ich, dass ich auf dem falschen Weg bin?

Wenn es weh tut!

Arne Forchheim

Der Autor dieses Buches hält Workshops und Seminare. Aktuelle Termine finden Sie unter:

www.arneforchheim.de

Kontakt zum Autor:

loewe@arneforchheim.de

Inhaltsverzeichnis:

Vorwort

Dieses Vorwort ist wohl das umfangreichste, das in einem Buch dieser Größe verfasst wurde. Es wird sich Ihnen aber im Verlauf der Handlung erschließen, warum das so sein musste. Es geht um Glaubwürdigkeit.

Meine erste Ausbildung geschah mehr aus Not denn aus Leidenschaft, denn Automechaniker bei Mercedes brauchten in den 70ern summa cum laude Abschlüsse und das war mein Traum.

Gut, wenn ich schon nicht das machen kann was ich will, dann will ich viel Geld verdienen. Ich wurde Maurer. In den späten 70ern gab es für Maurerlehrlinge im ersten Jahr knapp 500 DM im zweiten fast 700 DM und im dritten sagenhafte 1.000 DM.

Diese erste Tätigkeit erwies sich als Segen. Denn die Kenntnisse und Fähigkeiten aus diesem Beruf benötige ich auch heute noch, sah ich damals aber ganz anders. Danach habe ich ein Jahr als Geselle gearbeitet und war anschließend W15er bei der Bundeswehr.

Nach sechs Wochen Ausbildung wurde ich, wegen guter Führung, gefragt:

„Hätten Sie Lust eine Ausbildung zum Ausbilder zu machen?"

Ob ich gern Ausbilder werden möchte?

„Hey, na klar!" meinte ich.

Leute schikanieren und andere rumscheuchen hörte sich gut an. Und so kam es, dass ich zum Gruppenführer bei der Luftwaffe ausgebildet wurde. War ne tolle Sache. Es kam dann anders. Das nannte sich, und jetzt Achtung:

„Regenerantenausbildung"

Wow! Ich ein Regenerant! Keine Ahnung was das sein sollte. Es hieß im Klartext jedoch nix anderes, als das ich jetzt mehr Verantwortung hatte und sich der berühmte Anschiss nicht innerhalb einer Meute von fast 50 Männern verteilte, sondern direkt an mich adressiert werden konnte und ich der Erste war, der in den Dreck musste.

Nachdem ich meinen Traum, Hubschrauberpilot zu werden, nicht verwirklichen konnte, kehrte ich der Bundeswehr den Rücken. Macht euren Kram doch alleine! Werdet schon sehen, was ihr davon habt. Trotz meines Ausscheidens aus der Bundeswehr blieb der dritte Weltkrieg aus. Ist ja auch besser so.

Ich habe mich als Mitarbeiter in der Firma meiner Eltern versucht. Hat insgesamt 5 Anläufe gebraucht um heraus zu finden, dass das wohl nicht sein soll. Also was jetzt?

Eines Abends las ich in der Tageszeitung, dass McDonalds Deutschland Restaurantleiternachwuchs brauchte.

Ich erzählte meinem damaligen Freund davon und wir wetteten. Ich gewann diese Wette in der es darum ging, der am schnellsten beförderte Restaurantleiter Deutschlands zu werden.

Der Ordnung halber sei erwähnt, dass ich noch in einer Massivhausbau-Firma in einer Kolonne als Maurer gearbeitet habe. Mein Wunsch nach mehr Verantwortung wurde ungefähr ein halbes Jahr nicht berücksichtigt. Genau genommen hörte ich ein halbes Jahr nichts mehr von meinen Chefs. *„Also"*, dachte ich mir, *„hier wirst Du nicht alt."*

Und so kündigte ich. Völlig entsetzt riefen mich meine Chefs zu sich und teilten mir mit, dass ich nach den Sommerferien eine leitende Position bekommen sollte. Da ich aber gekündigt hatte, und für Konsequenz bin, stand mein Entschluss fest. Ich ging.

Ich habe alle meine Tätigkeiten immer beendet, ohne einen neuen Arbeitsvertrag in der Tasche zu haben.

Im Anschluss an dieses Erlebnis spülten mich die Wellen des Lebens in die Weinbranche.

Hierbei belieferte ich als Angestellter eines grossen Bad Homburger Weinhandelshauses einen Teil der Frankfurter „*Gastronoven*", also der Gastronomen und der Hotellerie.

Die neue Herausforderung reichte mir jedoch noch nicht und so machte ich mich selbstständig. Ich war jetzt in Sachen Spezialbeschichtungen und Abdichtungen unterwegs. „*Die Deutschen sind ein Volk der Dichter und Denker. Sie dichten und denken, dass es dicht ist*", so der Leitsatz in der Branche.

Erfahrungen bei Tunnelabdichtungen, Neubaustrecken der Bundesbahn und der Umgehung der Schwarzwaldhochstrasse in Baden-Baden 1985 für den elterlichen Betrieb, kamen nun zum Tragen.

An den meisten der Frankfurter Hochhausbauten der späten 90er Jahre habe ich mit gebaut oder Produkte geliefert. Herr Dr. Schneider, der viele Firmen viel Geld kostete, blieb mir durch meine guten Kontakte zu Phillip Holzmann erspart.

Ende der 90er Jahre des vorigen Jahrtausends begannen dann diese unerklärlichen Schmerzen im Rücken. Die gemachten Erfahrungen einer erfolglosen Ärzteodyssee führten mich zu einem sehr merkwürdigen Chiropraktiker.

Dieser sagte in der ersten Minute, ohne mich, zu kennen: *„Du machst den falschen Job!".*

Keine Ahnung der Kerl! Der weiß doch, nicht was er sagt!

Na ja, helfen konnte er mir sehr gut, denn nach der ersten Behandlung waren die Schmerzen weg. Sensationell, dachte ich, geht doch! Wenigstens erst einmal. Dann wurden die Termine von einmal im Quartal auf einmal im Monat und dann auf einmal die Woche und zum Schluss zweimal bis dreimal die Woche nötiger.

Irgendwann fragte ich ihn ziemlich kleinlaut, was ich denn machen solle? Das, was ich als Antwort zu hören bekam, überraschte mich sehr.

„Du massierst Menschen!"

Ja, ne, is klar, ne!

„Hör mal", fing ich an zu wettern, *„ich verdiene viel Geld mit dem was ich mache, habe viele Berufe gemacht und ausserd…"* Sein Lächeln, während er in einen

Big Mac biss, irritierte mich. Es sollte noch ein weiteres viertel Jahr vergehen, bis ich noch kleinlauter fragte: „*Wo denn?*"

Er gab mir eine Adresse, die er bereits in der Brusttasche seines Arbeitshemdes bei sich trug, und ich begann eine Ausbildung zum: „*Trara!!*" Sportmasseur.

Hey, zehn Samstage mal auf anderen Menschen herum geknetet und ich war Sportmasseur. So einfach ist das? Aber in Deutschland braucht man nun mal so einen Schein, der einem den Nachweis gibt, dass man anderen keine lebensgefährlichen Verletzungen bei der Massage zufügt.

Ohne Schein kein Sein!

Über die Jahre viele verschiedene Berufe aus-geübt und umfangreiche Erfahrung in Unter-nehmen gesammelt, brachte das Leben mich also durch einen „*Zufall*" zum Sportmasseur.

Zuvor hatte ich das Gefühl den falschen Job zu machen. Warum wechselte ich so häufig den Arbeitgeber, hatte oft Auseinandersetzungen mit Vorgesetzten? Und vor allem: „*Warum diese Schmerzen?*"

Schnell war mir klar, dass nur mit massieren kein Staat zu machen ist. Da mir der *„Chiroman"*, wie ich ihn nannte, gut geholfen hatte, machte auch ich eine Ausbildung zum Chiropraktiker. Es ist unerlässlich zur Tätigkeit eines Chiropraktikers die medizinische Qualifikation als Arzt oder Heilpraktiker nachzuweisen. Der erfolgreiche Abschluss der diversen Prüfungen war nur eine Frage der Zeit.

Nun war ich also offiziell keine Gefahr für die Volksgesundheit. Kein Quatsch! Wörtlich steht in meiner Erlaubnisurkunde:

„Bei der vor dem Gesundheitsamt durchgeführten Überprüfung wurde nachgewiesen, dass die entsprechenden heilkundlichen Kenntnisse und Fähigkeiten vorhanden sind, sodass die Ausübung der Heilkunde ohne Bestallung keine Gefahr für die Volksgesundheit bedeuten würde."

In der Folge begann ich mit dem Entwickeln meiner eigenen Methode, dem Muskelcoaching. Hierbei geht es darum, dass traumatische Ereignisse im Körper eine Form von muskulärer Anspannung zurück lassen. Aus heutiger Sicht, dem Erwachsensein, verlieren viele Dinge und Geschehnisse ihren Schrecken. Als Kinder und Jugendliche nehmen wir, auch Kleinigkeiten, anders war.

Patienten erzählten mir vom ersten Tage an ihre Geschichten. Geschichten von Selbstmordgedanken, Vergewaltigung, Kindesmissbrauch, Unterdrückung, mangelndem Respekt, Misshandlungen, fehlender Liebe, fehlender Zuneigung und fehlender Zärtlichkeit. Die ganze Palette dessen, was wir sonst nur aus der Zeitung, dem Fernsehen oder dem Radio hören.

Warum ich all das erzähle?

Weil all das mit Ihnen und allen anderen Menschen zu tun hat. Für die ersten, sagen wir mal, 18 Jahre können wir weitgehend nichts. Danach sieht die Sache anders aus. Mit 18 können wir tun und lassen was wir wollen, jedenfalls so lange es innerhalb der gesetzlichen Rahmenbedingungen liegt.

Wenn Sie Schmerzen bekommen, bei denen niemand helfen kann, wenn immer wieder dieselben körperlichen Verletzungen auftreten, denken Sie darüber nach, was in Ihrem Leben nicht so läuft, wie Sie es gerne hätten, oder Sie sich wünschen. Negative Gedanken, die einfach nicht weichen wollen – egal was Sie tun, sind ein Zeichen, dass etwas gewaltig nicht stimmt und Sie unzufrieden macht.

Warum also mit 18 Jahren nicht ausziehen, wenn es doch zuhause so ätzend ist?

Erst wenn wir die Umgebung, die uns einengt

verlassen, können wir anders denken und handeln. Erst wenn wir bereit sind unsere Heraus-forderungen anzunehmen, erst dann können wir wirklich etwas verändern.

Beispiel:

Der Vater Alkoholiker, die Mutter ein körperliches Wrack und völlig unter der Fuchtel des tobsüchtigen Vaters. Wenn nun der Sohn oder die Tochter immer wieder zu schlichten versucht, wird er oder sie nie lernen für sich da zu sein. Erst das Erkennen, dass wir eine Rolle spielen in diesem Geflecht, nämlich die Rolle des Schlichters, erst dann können wir gehen, weil wir erkennen, hier können wir nicht wirklich helfen. Und erst dann können wir uns aus diesen Abhängigkeiten lösen. Menschen, mit denen ich arbeite, fragen mich häufig:

„Aber was passiert denn, wenn ich das und das mache?"

Meine Antwort darauf ist immer die gleiche:

„Ich weiß es nicht! Aber eines weiß ich ganz genau, wenn **Sie** *nichts verändern, wird es niemand für Sie tun."*

Aber wenn Sie etwas verändern, dann können Sie Ihre Probleme angehen und Stück für Stück eine Loslösung von der Vergangenheit in Angriff nehmen. Dann können Sie die eingetretenen

Pfade verlassen, so bequem sie auch für Sie sind. Aber mal ehrlich! Sind diese Pfade wirklich so bequem? Ist der Preis für das günstige Wohnen, die gemachte Wäsche, das Babysitten nicht zu hoch?

Ich werde oft gefragt: *„Wann hört das denn mal auf mit diesem Aufarbeiten und diesem auf das eigene Gefühl hören."*

Zurzeit vertrete ich die Meinung, dass das niemals aufhört. Denn das würde bedeuten, dass wir erstarren, nix mehr dazu lernen und somit genauso schlau oder dumm in die Erde begraben werden, wie wir schon mit 20 Jahren waren. Genau das unterscheidet uns ja auch vom Rest der Welt. Wir haben diese Fähigkeiten bekommen um daraus was zu machen.

Meinen Sie denn wirklich, ein Löwe, König der Tiere, hat ein schlechtes Gewissen wenn er eine Antilope reißt und auffrisst? Na das sähe ja auch skurril aus, wenn Sie in der Steppe einem Löwen begegnen würden, der vor dem Reißen der Antilope erstmal die Pfoten faltet, niederkniet und dann um Verzeihung für den anschliessenden Mord bittet.

Zugegeben, Mord aus Habgier ist es nicht. Mal davon abgesehen, dass die Antilope entweder wegrennt bis der Löwe mit dem Beten fertig ist, oder vor Lachen tot umfällt, was ja so eine Art Selbstmord wäre und dem Löwen in die Hand spielt.

Aber lassen wir das, denn die schlussendliche Konsequenz wäre ja schon wieder einmal eine Grundsatzfrage über den Glauben und was muss sein, darf sein und was nicht.

Das Schöne am Leben ist, dass alles was man sagt, für einen verwendet werden kann. Dass alles, was wir tun für uns verwendet werden kann. Dass alles, was man denkt, wahr werden kann.

Überlegen Sie mal, was das bedeutet. Sie tun Gutes und bekommen das auch zurück. Sie denken Gutes und Ihnen passieren schöne Dinge. Sie sagen schöne Dinge und um Sie herum wird oder ist alles schön.

Jetzt drehen Sie das mal um!

Denken Sie negativ und alles um Sie herum ist auch negativ. Tun Sie unschöne Dinge und Ihnen passieren unschöne Dinge. Denn was in der einen Richtung geschieht passiert auch in die andere Richtung.

Beispiel:

Sie kennen bestimmt Menschen, die fast immer

ein Lächeln auf den Lippen haben, oder? Bestimmt haben Sie solche Menschen schon gesehen. Macht irgendwie ein bisschen neidisch, oder? Diese Menschen bezeichnen wir gerne als Glückspilze. Andererseits kennen Sie aber auch Menschen, die immer irgendwie griesgrämig rumlaufen. Sowohl dem lächelnden, als auch dem griesgrämigen Menschen sehen wir die Gemütsverfassung an. Frage hierzu:

„Mit wem wären Sie lieber einen Nachmittag zusammen?"

Haben Sie einmal darüber nachgedacht wie einfach das ist? Nicht immer leicht aber genial einfach!

Wünschen Sie einem Nachbarn die Salmonellen oder Schlimmeres an den Hals, so wünschen Sie sich das letztlich selbst, denn alles was Sie aussenden, kommt zurück.

Denken Sie, dass Ihr Partner Sie betrügt? Ja? Wie kommen Sie denn darauf? Gibt es Anlässe? Was stimmt denn da nicht? Betrügen Sie Ihren Partner vielleicht schon länger, weil Sie sich gefühlsmäßig schon länger aus dem Staub gemacht haben?

„So viel Arbeit und alles ist so stressig! Ich habe kaum noch Lust was zu machen geschweige denn Zeit oder Lust auf Sex."

Wenn Sie öfter mal blau machen oder krank, oder Dinge aus dem Büro mitnehmen ist das ja nicht so schlimm. Machen doch alle, oder? Ach, das Päckchen Kopierpapier, das geht schon.

Das alles wird, früher oder später, auf Sie zurückfallen. Denn in unserem Körper gibt es etwas, das uns von niederen Lebewesen unterscheidet.

Unser Gewissen!

Sie wissen jetzt ja schon, warum der Löwe nicht betet!

Dieses Gewissen mahnt immer wieder. Im Laufe unseres Lebens gelingt es uns jedoch immer besser, unser Gewissen zu beruhigen. Doch je mehr schief läuft, desto unruhiger, unsicherer werden wir.

Unser Leben ist ein Bumerang!

Sie kennen diese lustigen kleinen Spielzeuge? In Australien, dort wo es nichts gibt außer Hitze, Staub, Freiheit, viel Gegend und noch mehr Kaninchen, dort wurde der Bumerang erfunden.

Ursprünglich für die Jagd gemacht, sah eines Tages der Chef *(Ich nenne den lieben Gott so, wir beide haben da so ein Ding am Laufen)*, dass es ein sehr gutes Exempel ist, was er hier den Menschen zeigen kann.

„Erledige das Problem beim ersten Wurf richtig und quäle es nicht!"

Zieh die Dinge nicht in die Länge oder schiebe sie vor dir her!

Wirfst Du vorbei, oder bist Du zu zögerlich, nicht entschieden genug, sei auf der Hut. Dann kommt er zurück und erinnert Dich unter Umständen sehr heftig daran, dass Du was ausgesendet hast und der Empfänger schneller, oder schlauer war als Du.

Das Kaninchen beschwert sich nicht bei Ihnen! Es kratzt sich am Hinterkopf, weil Sie nicht entschlossen genug geworfen haben und hoppelt von dannen.

Aber übertragen Sie das mal auf uns Menschen. Was ist denn, wenn Ihnen einer einen Stein an den Kopf wirft? Was ist denn dann los mit Ihnen? Dann ist aber Schicht im Schacht! Dann geht sie aber ab, die wilde Luzie. Oder aber anders gesprochen: Das Problem kommt zu dem zurück, der den Stein geworfen hat und wird größere Dimensionen und damit Macht über den

Werfer haben als vorher. Sie wissen schon, Schmerzensgeld, Körperverletzung, etc., etc. Das nur mal als banales Beispiel um zu verdeutlichen, dass alles was wir tun, Auswirkungen auf andere hat.

Also der „*Chef*" sah, dass es gut war. Er beschloss, dass nach diesem Prinzip das Leben funktionieren soll. Was man aussendet kommt zurück. Wenn Sie glauben etwas erledigt sich durch Wegschieben oder Wegwerfen, Verdrängen und Vergessen, denken Sie an den Bumerang.

Wünschen Sie Ihrem Nachbarn ruhig mal die Salmonellen an den Hals, er wird es überleben, denn es gibt ja entsprechende ärztliche Versorgung!

Noch mal zum besseren Verständnis:

„Das „Gemeine" am Leben ist, dass es nicht sicher ist, dass Sie die Salmonellen zurückbekommen, die Sie dem Anderen gewünscht haben. Meist passiert es an einem Ort den Sie nicht kennen, zu einer Zeit die Sie nicht wissen und auf eine Art, die Sie nicht erwarten."

Aber, ist das wirklich gemein? Ist es nicht gut so? Das würde bedeuten, es gibt so etwas wie Gerechtigkeit. Auge um Auge, Zahn um Zahn ist in dieser Beziehung nicht gesichert.

Sie also wünschen dem Nachbarn so was Ekliges

an den Hals. Darüber haben Sie sich ja im einzelnen Gedanken gemacht. Sie haben sich so richtig Zeit genommen, um sich zu ärgern, vielleicht wegen irgendetwas prozessiert und mit Sicherheit Aufregendes hinter sich gebracht. Sonst würden Sie ihm ja nicht die Pest an den Hals wünschen, dem alten Schweinepriester.

Ist ja auch selber Schuld! Ich habe nichts getan!

Ja, sicher, is klar, ne!

Ihr Nachbar sitzt vielleicht zu Hause und weiß nicht so recht was er von Ihnen halten soll. Sie waren doch immer so nett und haben sich über die Jahre auch gut verstanden. Doch plötzlich war es aus mit der guten Nachbarschaft. Wieso eigentlich? Sonst haben Sie doch auch darüber gesprochen die Hecke gemeinsam zu schneiden, dass Laub gemeinsam zu rechen, etc. Jetzt plötzlich ist es *„seine Hecke"*.

Ihr Nachbar grübelt also vor sich hin, nichts ahnend, dass eine mikrobielle Bedrohung über ihn hereinbrechen wird. Zuerst versucht er es gütlich und lädt Sie zu einem Bier ein wie früher, was Sie natürlich empört ablehnen. Sie sind doch kein Weichei. So wenig Mumm hätten Sie dem gar nicht zugetraut. Sie bleiben hart. Rech dein Laub selbst und wenn noch mal Blätter von deinem Baum in meinen Garten fallen, dann gibt es aber so was von Post vom Anwalt. Warum also nachgeben, die Rechtschutzversicherung muss sich ja rentieren. Und außerdem tue ich ein gutes Werk, ich lasse den Anwaltsstand nicht verhungern und sorge für Recht und Ordnung.

Wie konnte es denn nun dazu kommen? Gute Frage! Eigentlich war alles wie immer. Aber in letzter Zeit gibt es soviel Stress in der Firma und mit meiner/m Frau/Mann klappt es auch nicht mehr so recht. Kündigen kann ich nicht oder will ich nicht, dem Partner eine drauf geben ist auch nicht wirklich schlau. Der nimmt sich sonst glatt das halbe Haus im Falle einer Scheidung. Einer muss als Ventil herhalten. Die Schwiegereltern brauche ich noch, dass Erbe schlage ich doch nicht aus und wenn ich mich noch so aufrege! usw. usw.......

Jetzt wollen Sie als geneigter Leser sicher wissen warum der Buchuntertitel „*Die Energieräuber* ™" heißt. Was hat das denn mit Ihnen zu tun? Und „*Warum der Löwe nicht betet*"? Sie sind doch ganz ok! Die anderen haben es halt nicht so drauf, oder? Ganz einfach! Der Löwe macht das wozu er geboren wurde. Er hinterfragt nicht, was er tut. Er handelt nach Instinkt, Reflex, Bauchgefühl und vor allem Hungerstatus. Irgend so etwas muss es wohl sein, denn wenn der Löwe mal ins Grübeln kommt, wird es eng in der Savanne, weil zu viel Viechzeugs übrig bleibt.

Was aber machen wir? Wir sitzen da und schmollen, nörgeln, sitzen es aus. Handeln ist angesagt, schnelles entschlossenes Handeln. Lernen Sie aus dem Bauch heraus zu handeln. Das können Sie üben und lernen.

Das wird Sie zunächst sicher in den einen oder anderen Zwang bringen, denn wenn Sie sich verändern, ist das für andere erstmal ziemlich unbequem. Aber mal ehrlich: *"In Zwängen sind Sie jetzt auch, oder?"*

Sie haben nichts falsch gemacht, oder? Deswegen läuft es ja auch auf der Arbeit perfekt und mit Ihrer Familie ganz harmonisch und deshalb wählen Sie auch den proktologischen Weg im Umgang mit den Schwiegereltern und haben Krach mit dem Nachbarn.

Sie haben das Buch gekauft, weil Sie etwas erwarten! Sie erwarten Unterhaltung, Anregung, Spaß, Aufregung und vieles mehr. Recht so! Warum sonst soll sich der Autor auch hinsetzen, seine Geschichte so ein bisschen erklären und sich die Nächte um die Ohren schlagen? Warum soll er mit hunderten Menschen sprechen? Der macht sich ja nur wichtig, oder? Vielleicht aber auch nicht. Eine Erfahrung habe ich in den Jahren meiner Tätigkeit gemacht:

Die größten Energieräuber sind wir selbst!

Warum? Ganz einfach! Die meisten von uns haben nie gelernt sich richtig abzugrenzen, klare Ansagen zu machen und anderen zu sagen was Sie wollen.

Gehen Sie mal zu den obigen Geschichten zurück, dass mit dem Nachbarn z. B. So oder ähnlich passieren die Dinge zu tausenden jeden Tag in unserer schönen Republik. Es wäre nicht dazu gekommen, wenn Sie bereits auf der Arbeit Ihre Grenzen gezogen hätten. Gegenüber den Schwiegereltern und Ihrer Familie. Der Nachbar ist nur das Ventil.

Die meisten fangen erst an zu beißen und um sich zu treten, wenn sie sich in die Ecke gedrängt fühlen.

Wie jetzt? Grenzen ziehen und sagen was ich will! Das Nachfolgende will Wege zeigen, Fehler aus der Vergangenheit langsam aber sicher abzulegen und ein entspannterer Mensch zu werden. Verlockend, nicht wahr? Entspannter werden trotz Abgrenzung? Wie geht das denn? Kann das funktionieren?

Ich schreibe hier anhand von beruflich orientierten Beispielen die Geschichten von einigen Menschen auf, die mehr oder weniger starke Erfahrungen gemacht haben, als sie begannen sich zu verändern. Das können Sie aber auch problemlos in Ihr jetziges privates Umfeld kopieren. Es funktioniert! Sogar bei Ihnen. Wenn irgendetwas in Ihnen sagt: „*Oh nein! Scheiße, Scheiße das will ich nicht, dass kann ich nicht!*" Genau dann wissen Sie, dass Sie beginnen eine stärkere Verpflichtung sich selbst gegenüber einzugehen. Damit geben Sie auch anderen die Möglichkeit weiter zu kommen, Neues zu erleben und die Schönheit und Leichtigkeit des Lebens zu genießen.

Beispiel:

Wie schwer fällt es Ihnen als Erwachsener Ihre Kinder loszulassen ohne ständig ein, „*Pass hier auf, achte auf das*", usw. los zu werden? Es geht hierbei nicht um wirklich gefährliche Dinge. Ich beobachtete im Supermarkt in der Weihnachtszeit eine Familie. Mutter, Vater und Tochter, ca. 10 Jahre alt. Einkaufswagen voll bis oben hin, Tochter hängt an der Seite des Wagens und Vattern schiebt. Die Mutter läuft so 3-4m vorneweg und gibt, ohne zur Tochter zu sehen den Kommentar ab: „*Jessica, pass auf, dass du nicht runterfällst!*" Jessica zurück: „*Ich halt mich doch gut fest Mama.*" Erstens: Der Vater hätte schon lange eingegriffen wenn irgendetwas zu gefährlich gewesen wäre. Zweitens: Die Mutter übt stark das bemuttern aus. Wohlgemerkt nicht aus Böswilligkeit, sondern aus Fürsorge. Aber: Alle Menschen, auch Kinder, müssen ihre eigenen Erfahrungen machen. Wenn wir Menschen nicht zugestehen ihre eigenen Erfahrungen zu machen, werden Sie nie *„erwachsen"* sondern befinden sich in einer Art Abhängigkeit von anderen, weil Sie ja immer jemanden hatten, der für Sie denkt. Beginnen wir mit der Zeit, als Sie Ihren Job angefangen haben. Alles war neu und spannend. Sie waren aufgeregt und wollten allen zeigen was Sie drauf haben. *„Ja klar kann ich das noch zusätzlich machen. Länger arbeiten, kein Problem. Auch mal samstags? Ja logisch, ist doch Ehrensache."*

Erstmal gut Wetter machen.

Noch mit den neuen Kollegen weggehen? Soll ja das Betriebsklima fördern. Es macht Ihnen die erste Zeit nichts aus. Der Stapel Arbeit auf Ihrem Schreibtisch jedoch wird nicht kleiner. Die Arbeitszeit hat sich auch nicht mehr unter 10 Stunden eingependelt. Bezahlt werden aber nur 8. Der Bonus, ja der wird riesig, wenn ich so richtig Gas gebe.

Und dann ist es passiert! Sie sind in der Tretmühle gefangen!

Also:

**Den ersten Fehler haben Sie bereits am
ersten Tag gemacht!**

Energieräuber Nr. 1

Seien Sie nicht authentisch!

Oftmals setzen wir eine Maske auf um nicht zu zeigen, wie wir wirklich sind. Wir schaffen das! Na klar. Keine Ahnung wie, aber es wird schon gehen, muss ja! Wir wollen beweisen was wir für Kerle sind und wie qualifiziert unsere Ausbildung uns gemacht hat. Verstohlen mustern wir alles was um uns herum passiert, um nur ja mit zu bekommen was so abgeht. Wir können doch nicht zugeben, dass wir, ausgerechnet wir, etwas nicht wissen oder können oder gar vergessen haben! Die Kollegen nutzen das gnadenlos aus und rauben Ihnen vom ersten Tag an die Energie. Und wer ist Schuld? Nicht etwa RWE oder Vattenfall, nein!

Sie selbst!

Weil Sie zu ungeschickt waren, oder schlichtweg Angst hatten zu sagen was Sie wollen und was nicht. Sagen Sie den neuen Kollegen was Sie fühlen. Es ist nichts daran auszusetzen zu sagen dass Sie sich unsicher fühlen und nicht so richtig wissen wie der Laden läuft und Sie sich erstmal einarbeiten müssen. Kollegen, die Sie dann als Weichei oder so was abstempeln, haben diesen Punkt bei sich selbst übergangen und sind meist neidisch auf Ihre direkte Art. Es gibt natürlich auch die Exemplare, die wenig Erziehung genossen haben, oder das eine Seminar zu viel abgesessen haben um noch klar denken zu können. Die meinen mit der Theorie alles zu lernen und versagen bei der Umsetzung. Frauen können ja auch nicht theoretisch schwanger werden, hier ist schon eher die Praxis gefragt.

Die Anderen, die weit in der Überzahl sind, lassen Sie in Ruhe und Sie können sich einarbeiten.

Beispiel:

Peter hatte die Möglichkeit in einem Bereich eines Unternehmens eingesetzt zu werden, der für ihn gute Aufstiegsmöglichkeiten und Verdienstaussichten bot. Peter ist ein gut aussehender, großer, schlanker Mann, der seine positive Wirkung auf Menschen nicht verfehlt. Ein eher ruhiger Vertreter, der mit seiner bisherigen Position nicht so ganz zufrieden ist und sich deshalb überreden ließ zu wechseln. Eine ganz neue Herausforderung wie man ihm sagte.

Er begann in diesem Firmenzweig zu arbeiten und stellte nach einem halben Jahr fest, dass hier Ellenbogen und breite Schultern zum Durchsetzen der Ziele und Kundenaquise gebraucht wurden. Das lag ihm nun so gar nicht, aber er spielte ja auch auf harten Mann, als ihm die neue Position angeboten wurde. Nun zeigte sich etwas, dass im tiefsten Inneren von Peter lag. Er ist der eher ruhige, gleichmässige, konsequente Arbeiter, der da ist, wenn man ihn braucht und nicht wie ein Erdbeben über den Kunden hereinbricht und alles erschüttert. Den Auftrag zwar in der Tasche, dafür aber auch den einzigen dieses Kunden, denn niemand lässt sich ein zweites Mal überfahren. Gerade diese lauten Typen wurden gefordert in diesem Bereich des Unternehmens.

Peter hat das erfolgreich verdrängt. Das schaffe ich schon war seine Devise. Geld und Aufstiegschancen taten ein weiteres dazu. Hätte Peter auf sein Gefühl gehört, seine eigenen Wünsche, Bedürfnisse und Fähigkeiten nicht verdrängt, hätte er eine andere Option ziehen können, wie er mir selbst sagte. Aber, wie so häufig zogen Geld und Aufstieg so sehr, dass er sich alles schön redete. Nun sitzt er an einer Position die ihm nicht gefällt und geht nur sehr ungern zur Arbeit und hat Rückenschmerzen, der Hals zwickt immer öfter, einige Krankmeldungen hat er auch schon „*rein gegeben*".

Nach einigen Gesprächen wurde Peter wieder sensibler für sich selbst. Er begann wieder zu ahnen was er selbst will und hat eine andere Sichtweise für seine Arbeit bekommen. Die ständig geforderten Protokolle, Budgetrechnungen, Zahlen usw. durch seinen Chef hat er auf ein

Mindestmaß reduziert. Wenn irgendwelche Fragen kamen hat er alles auf schriftlich umgestellt, so wird nichts vergessen. Nach drei Monaten ist er in der Lage wieder klar zu denken. Er denkt noch immer über einen Wechsel nach, aber nicht mehr mit diesem Druck im Nacken von dieser Position weg zu müssen.

Also:

Je offener, ehrlicher und direkter Sie zu Ihrer Umgebung sind, desto leichter ist der Umgang mit allem was an Sie herangetragen wird. Sagen Sie was Sie wirklich wollen!

Energieräuber Nr. 2

Sie sagen nicht vom ersten Tag an was Sie wollen.

Wenn Sie es nicht tun, geben Sie Ihren Kollegen die Möglichkeit sich an Sie ran zu machen und mal abzuchecken was man mit Ihnen machen kann. Kollegen sind wie Löwen! Die beten vorher auch nicht bevor sie Sie packen. Wenn Sie sagen was Sie wollen, hat das nichts mit Arroganz zu tun. Sie erhalten sich dadurch Freiraum.

Beispiel:

Denken Sie mal an die Situation: Ein Kollege/in geht mal eben so an Ihrem Schreibtisch vorbei, wirft eine Akte auf den Tisch und ruft im weggehen nach: *„Kannst Du das mal eben mitmachen?"* Meist sagen wir nix oder doch ja und sind somit in die Falle gegangen. Wenn es eine Kollegin ist die auch noch einen netten Augenaufschlag hat, High Heels trägt und dazu noch einen Minirock an hat, mit geradezu atemberaubend langen Beinen drunter, machen wir es umso lieber, gelle? Oder aber der große, attraktive Kollege, mit der tiefen, erotischen Stimme, den breiten Schultern und dem knackigen Hintern, da macht's gleich noch mal so viel Spaß.

Ja schon, aber das ist nicht Ihre Aufgabe! Ihre Aufgabe ist Ihre Arbeit und nicht die der anderen! Wenn Sie sagen: *„So geht das aber nicht!"* dann frage ich Sie: *„Warum denn nicht? Was sagt Ihnen denn und vor allem wer sagt Ihnen denn, dass das nicht geht?"*

Behandeln Sie alle Menschen gleich!

Holen Sie tief Luft, stellen Sie Ihre Augen auf „Blind Modus", Sie wissen schon, wegen der High Heels oder dem Knackarsch und seien Sie ehrlich! Tun Sie das nicht, haben Sie sofort einen bestimmten Ruf weg. Einige Kollegen wissen wie sie mit Ihnen umgehen müssen damit Sie ihre Arbeit mitmachen, andere meckern über Sie im schlimmsten Fall beim Chef und PENG! ist der erste Heckenschütze im Betrieb stationiert, und der wird sich immer wieder auf Sie einschießen, weil er weiß wo er Sie treffen kann, mit dem Ziel Sie raus zu kriegen.

Wenn ein Kollege seine Arbeit nicht schafft, so ist es die Sache des Kollegen, das in Ordnung zu bringen. Und damit muss er zum Chef. Der Chef verteilt die Arbeit. Wenn er der Meinung ist, dass Sie die Arbeit mitmachen sollen, so können Sie Ihrem Chef klarmachen, dass etwas anderes auf der Strecke bleibt, das auch Sie einen Arbeitsplan haben dem Sie nachkommen müssen. Ich rede hier nicht von vereinzelten Ausnahmen sondern von einer Masche die in vielen Büros weltweit durchgezogen wird.

Sie haben, wie alle Mitarbeiter, acht Stunden zur Verfügung, mehr nicht.

Einige meiner Gesprächspartner reden ganz klar darüber dass 60-65 Wochenstunden normal seien. Niemand hat zu diesen Menschen gesagt sie sollen 65 Stunden oder zum Teil noch mehr arbeiten. Mit nicht einem Satz steht das irgendwo. Das wäre nämlich schlichtweg illegal. Denken Sie mal darüber nach. Gerne genommen wird in Verträgen der Satz: *„Darüber hinaus geleistete Mehrarbeit wird nicht vergütet."* Raten Sie jetzt mal warum. Sie haben einen Versuch.

Arbeiten Sie mehr, sind Sie nicht unbedingt effektiver. Dabei gibt es ein paar ganz einfache Mittel die uns gegeben worden sind um heraus zu finden, was wir tun müssen: Augen, Ohren und der Mund! Wenn wir gleich fragen, offenbaren wir mehrere Dinge über uns:

1   ***Der ist sich nicht zu schade Fragen zu stellen.***

Mehr zu Fragen heißt ja nicht mehr wissen zu wollen als die anderen sondern nur um an präzisere Informationen zu gelangen. Testen Sie doch mal die anderen und überprüfen Sie für sich mal gleich zu Anfang ob der Kollege wirklich so ein toller Hecht ist wie er von sich behauptet. Dabei werden Sie feststellen, dass Vieles in Ihrer Umgebung nur Blendwerk ist. Nur weil jemand äußerst gewandt reden kann, sich in Maßanzügen bewegt und so tut als wäre er schon Chef, bedeutet das noch lange nichts.

Zu meiner Zeit bei McDonalds begegnete mir ein Kollege, den alle sehr schätzten und was der für tolle Zahlen geliefert hat. Umsatzsteigerung, motivierte Mitarbeiter, ein sauberes Restaurant usw.

Viele gingen zu ihm und wollten wissen, wie er das macht. Gespannt hörten alle zu und bekamen erst viel später mit, dass er das was er sagte, selbst nicht so umsetzen konnte.

Kaum ging seine Stellvertreterin aus dem Restaurant, sie bekam ein eigenes, krachte der ganze Laden zusammen und benötigte dringend fachlich versiertes Personal im Restaurantmanagement.

Die einfachsten Dinge wie z. B. Schichtpläne erarbeiten, Personallisten pflegen etc. klappten einfach nicht. Aber aufgrund *„seiner"* Zahlen war er einer der Besten den McDonalds damals hatte. Er hatte sicherlich über einen langen Zeitraum viel Glück und eine sehr gute Stellvertreterin.

Auch wenn Sie auf Fragen Antworten erhalten,

verifizieren Sie diese! Das geht nicht immer, aber ab und an sollten Sie das aus Sicherheitsgründen tun. Nicht jeder ist Ihnen wohlgesonnen.

2   *Sie können kommunizieren!*

Das ist gar nicht so leicht, wie Sie vielleicht auch schon von Ihren Kollegen um sich herum mitbekommen haben.

Und je knapper und präziser Sie in Ihren Fragen werden, umso knapper und präziser wird die Antwort ausfallen. Wenn Sie zugetextet werden, weisen Sie darauf hin, dass Sie bitte nur die notwendigen Antworten brauchen. Für Smalltalk ist an anderer Stelle Gelegenheit. Das ist effektiv und bringt Sie nicht aus Versehen in den Ruf ein Schwätzer zu sein. Außerdem nutzen Sie Ihre Zeit effektiv.

3   *Sie zeigen Interesse!*

Nicht nur am Job sondern auch an den Kollegen. Wenn Sie mal bei sich nachschauen, werden Sie feststellen, was für ein schönes Gefühl das ist zu etwas gefragt zu werden. Das wertet uns auf. Und genauso wie es Ihnen dabei geht, geht es auch Ihrem Kollegen oder Ihrer Kollegin. Sie signalisieren damit: Ich halte Dich/Sie für kompetent. Das wertet Ihre Gegenüber auf. Springen Sie über Ihren Schatten und vergessen Sie diese kleinen, vielleicht schon persönlich gewordenen, Rangeleien. Das bringt nichts, außer Zeit und Nervenverlust und das unbewusste Gefühl irgend etwas stimmt an diesem Job nicht. Und vor allem quatschen Sie nicht! Dafür sind die Pausen wiederum gut, wenn Sie es wollen.

Lenken Sie das Interesse wieder auf das Wesentliche und lassen Sie diesen Kindergartenkram der Eitelkeiten und Positionskämpfe!

Das wird nicht nur Ihnen gut tun sondern auch den Kollegen. Und eins dazu: *„Auch wenn es nicht so aussieht. Ihre Vorgesetzten sehen Sie. Die wissen genau was Sie an Ihnen haben. Machen Sie ab und zu vorsichtig ein wenig Werbung in eigener Sache."*

Vielleicht hilft Ihnen das Bild:

Sie machen die Arbeit und der Kollege sitzt eine halbe Stunde früher auf der Terrasse und genießt im Sommer sein kühles Bier. Und das auch noch evtl. mit der netten Kollegin, Sie wissen schon, die mit den High Heels, dem Minirock oder dem Knackarsch und den – na Sie wissen schon.

Hoffentlich werden Sie dann mal so richtig wütend. Aber auf wen? Auf den Kollegen? Der hat doch was verstanden. Der hat Sie durchschaut. Auf die Kollegin mit den High Heels, dem Minirock und den….. Na? Dämmerts? Die/der kann

ja nix dafür, das Sie die Kunst des „Blind Modus"
nicht beherrschen und Ihre Augen nicht
abschalten können. Sie/Er setzt ja auch nur ihre
Waffen ein. Oder achten Sie bei sich nicht auf Ihr
Erscheinungsbild? Machen Sie sich nichts vor
oder reden Sie sich die Lage nicht schön! Sie sind
dadurch nicht das gefürchtete Kollegenschwein.

Ganz besonders, wenn Ihr Chef oder Ihre Chefin
ein hübsches Hinterteil hat, wählen Sie nicht den
proktologischen Weg! Das fällt, so lange Sie in
der Firma sind, auf Sie zurück.

Also:

Grenzen Sie sich ab! Das Betriebsklima wird nicht besser oder schlechter wenn Sie das tun. Allenfalls werden Kollegen oder Vorgesetzte, die Sie nerven in Zukunft vorsichtiger im Umgang mit Ihnen sein und Ihre Effizienz steigt.

Energieräuber Nr. 3

Sie verzichten auf ein Netzwerk an Beziehungen

Sie haben Angst davor Kontra zu geben oder zu sagen was Ihnen nicht passt? Das sollten Sie, da Sie die wichtigste Regel im Arbeitsleben wohl verpasst haben: Ein Kontaktnetzwerk aufzubauen.

Ca. 60% der Arbeitsplätze ab dem mittleren Management werden durch persönliche Kontakte vermittelt.

Das heißt nichts anderes als: wenn Sie Kontakte haben, haben Sie eine Zukunft. Je mehr Menschen Sie innerhalb und außerhalb der Firma kennen, desto mehr werden Sie in einer beruhigenden Verfassung sein. Warum wohl gibt es immer mehr Kontaktbörsen und Netzwerkpartys?

Beispiel:

Ein Angestellter war erst auf der ausschreibenden Seite tätig und wechselte nach 12 Jahren mal auf die andere Seite, das Controlling. Verlockende Aufstiegschancen und mehr Geld haben sehr verführerisch geklungen.

Da ist es wieder! Die Verlockung des Geldes! Bauchgefühl übergangen!

Nach kurzer Zeit stellte er fest, dass sein Chef wohl an einem Seminar zu viel teilgenommen hat. Will sagen, übertrainiert, überwissend und der menschliche Umgang hat auch durch zu viel Theorie gelitten. Das Ergebnis war, dass immer mehr Zahlen und Statistiken gefordert wurden, für die eigentliche Arbeit jedoch kaum genug Zeit blieb. Immer mehr Überstunden, geopferte Freizeit, etc.

Kommt Ihnen bekannt vor? Das ging für ca. 2 Jahre so. Unser Mann kapselte sich ab und vergrub sich in Arbeit. Zu Hause war er oft mürrisch und schlecht gelaunt. Aber er bekam dafür ja mehr Geld.

Auf die firmeninternen Partys konnte er nicht, da ja nach seinen Vorstellungen (Perfektionist) erst die Arbeit erledigt sein muss. Die anderen Kollegen gingen jeweils hin. Selbst als ein 2 Ebenen über ihm stehender Manager der Firma ihm anbot, mal ein Gespräch über die Zukunft und alles mögliche zu führen, lehnte er dankend, mit dem Hinweis auf Arbeit, ab.

Spätestens jetzt muss er diese Stimme gehört haben, die aus ihm heraus schrie: *„Du Trottel!"* Als es dann kam, wie es kommen musste, brach

Vieles zusammen. Er wurde reizbar und verstrickte sich zunehmend in Kleinkriege und die Kollegen konnten, nun mit Recht, zum Chef gehen und sich über ihn beklagen. Sein Chef wurde ihm gegenüber ein richtiges Ekel und verbaute ihm, wann immer möglich, Wege nach oben.

Der markanteste Satz des Mannes war:

„Ich hätte meine Chance wahrnehmen sollen als ich vom Management angesprochen wurde und nicht auf diensteifrigen Mitarbeiter machen".

Aber das war ja schon die Lösung! Wir wissen doch selbst was uns gut tut. Wir wissen doch meistens sehr genau, wo wir in diese Fallen tappen. Die Frage ist nur, warum kommen wir nicht raus?

Hier wäre über einen Kontakt in die übergeordnete Ebene seines Chefs ein Aufstieg am Chef vorbei möglich gewesen. Das Ergebnis: Heute bewirbt sich unser Mann wieder woanders hin.

Also:

Nutzen Sie Kontakte nach oben oder zur Seite, wenn sie sich ergeben. Nerven Sie dabei aber nicht.

Energieräuber Nr. 4

Sie verschwenden Ihre Pausen!

Pausen dienen der Regeneration. Das heißt im Klartext:

Keine Arbeit während der Pause!

Vermeiden Sie auch Gespräche über die Arbeit während der Pause. Wenn Kollegen damit anfangen ist es doch meist Prahlerei wie der oder die eine Sache gelöst hat die so unglaublich schwierig war, also dass hätte bestimmt nicht jeder geschafft. Kann sein, aber der Kollege hat nur seinen Job gemacht für den er an dieser Position bezahlt wird. Sonst nichts!

Wenn Sie beim Zahnarzt sitzen ist es Ihnen auch egal wie schwierig die Behandlung ist, er soll seinen Job machen und gut ist es. Dafür bezahlen Sie ihn. Wenn Ihr Auto in die Werkstatt muss und Sie wollen in den Urlaub, ist es auch egal wie viel es kostet und wie schwierig die Reparatur ist. Das Ding muss repariert werden.

Fängt ein Kollege an Sie zuzuquatschen, sagen Sie bestimmt aber höflich, dass Sie im Moment in Ruhe das Essen genießen wollen. Ist der Kollege beleidigt, so ist das nicht Ihr Problem. Was können Sie in der halben Stunde oder Stunde alles tun? Wie viele der Akten könnten verschwinden? Ja, da wäre doch Raum, um mit den Kollegen mal ungezwungen zu reden. Blödsinn! Beobachten Sie doch mal! Nach kurzer Zeit sind die meisten wieder beim Thema wie toll sie sind. Wenn Sie in der Pause eine Mail schicken, ist der andere vielleicht gerade beim Essen und kann diese Mail doch gar nicht beantworten. Welche Ironie, oder?

Beispiel:

Ein besonders engagierter junger Studienabgängger kam in eine der größten deutschen Banken, durch genau das, was im dritten Energieräuber beschrieben wurde, Networking. Er nutzte während des Studiums schon jede Kontaktmöglichkeit im Bezug auf eine spätere mögliche berufliche Anstellung.

Dort lerne er seine zukünftige Chefin kennen. Sie mochten sich beide, die Chemie stimmte. Nach erfolgreichem Abschluss des Studiums kontaktierte er die Frau und danach war alles ein Kinderspiel und nur noch Formsache.

In dieser speziellen Abteilung der Bank waren 6 Mitarbeiter auf der Payroll, sprich auf der Lohnliste. Zwei Sekretärinnen, die Chefin, zwei erfahrene Mitarbeiter (ca. 5 Jahre in diesem Bereich) und er selbst. Davon waren regelmäßig zwei Personen krank. Also sollten sechs

Mitarbeiter da sein. Seine Einarbeitungszeit sollte so 3-5 Monate sein. In dieser Zeit sollte er sich an die Tätigkeit gewöhnen. Dem aufmerksamen Leser wird eine überdurchschnittliche Häufung der Endung „*te*" nicht entgangen sein.

Da uns das Leben nicht immer alles auf dem Silbertablett serviert, kam es wie so oft. Ab dem ersten Tag wurde er voll eingespannt. Selbst die Mittagspausen und der Feierabend wurden für die Einarbeitung „*geopfert*". Arbeitszeiten von durchschnittlich 13 Stunden hatten sich nach vier Monaten eingependelt. Der Job machte keinen Spaß mehr und die zusätzliche Belastung der Verantwortung für die ganze Abteilung mit all dem zusätzlichen Aufwand für Nachfragen zu den einzelnen Themen des Berufes ermüdeten ihn rasch.

Können Sie sich vorstellen, dass beim Fußball 90 Minuten ohne Pause gespielt wird? Wo ist die Zeit für die Regeneration?

Mittlerweile war ein Mitarbeiter gegangen, der andere dauerhaft krank, die Sekretärinnen konnten gemäß ihrer Jobbeschreibung nicht wirklich helfen, die Chefin war immer öfter im Ausland unterwegs und so schmiss er die Abteilung bald alleine. Ja, werden Sie sagen, nur so lernst du was. Stimmt! Sie haben Recht! Das passt in unsere derzeitige Moral und Vorstellungswelt.

Er ist 27 Jahre alt, hoch motiviert und belastbar. Was aber ist in 10 bis 15 Jahren? Sollten Sie als Leser jetzt zwischen 40 und 50, vielleicht auch älter sein, so stellen Sie sich die Frage ob Sie bereit wären diese Belastung zu tragen. Denn diese Frage können Sie, wenn Sie wollen, sofort beantworten, oder? Natürlich würden Sie das heute nicht mehr machen. Sie sind ja nicht blöd! Wie jetzt aber raus aus dem Dilemma?

Klare Abgrenzung der FREIZEIT und der PAUSENZEIT!

So holen Sie Luft und tanken Energie für die kommenden Dinge. Nach ein paar Terminen reduzierte er die Arbeitszeiten auf ein für ihn normales Maß, ca. 9,5 Stunden. Er ging für einige Zeit alleine essen und knüpfte weiterhin Kontakte nach allen möglichen Seiten. Nach einem Jahr veränderte er eine Position und verdient von einem Tag auf den anderen 15.000 € pro Jahr mehr.

Wie das geht? Er befolgte einige Gesetzmäßigkeiten des Lebens. Starke, sich abgrenzen könnende Persönlichkeiten werden geachtet. Andere wollen wissen wie das geht und das führt auch zu Neid. Aber damit können Sie leben. Um das Geld machte er sich dabei keine Gedanken! Das kam fast von alleine.

Das mit dem Geld ist im Übrigen auch so eine Sache. Den meisten Menschen fällt es so unglaublich schwer an sich selbst zu glauben. Die meisten Menschen schaffen es nicht, so für sich einzustehen, wie sie es manchmal für andere tun.

Wenn Sie und wieder mal nur Sie, anfangen sich erstmal um sich selbst zu kümmern, bevor Sie Kriege für andere kämpfen, dann kommen auch alle die schönen Dinge zu Ihnen, auch das Geld.

Die Anerkennung und das Lob anderer macht Sie kurzfristig happy, aber langfristig höhlt es Sie aus und Ihre Anstrengungen für andere werden immer größer, weil Sie sich nicht um sich selbst kümmern. Das hat nix mit Egoismus zu tun, sondern mit Selbstliebe. Wenn es Ihnen gut geht, können Sie etwas für andere tun. Wenn es Ihnen nicht gut geht, werden Sie bei dem *„für andere tun"* zwangsläufig irgendwann krank.

Also:

*Geben Sie den anderen den Stress den sie
Ihnen machen wollen zurück, indem Sie sich
Ihre Zeit für Pausen und was Sie darin tun
selbst einteilen.*

Energieräuber Nr. 5

Das schlechte Gewissen!

Wir alle kennen das! *„Ich muss jetzt gehen, ihr wisst schon, die Kinder!"* oder *„Ich kann nicht, weil…"* Wir werden jetzt aber gebeten noch zu bleiben oder doch zu kommen. Verflixte Situation. Einerseits vielleicht keine Lust, andererseits das Gefühl der Verpflichtung und so weiter.

Wenn Sie sagen dass Ihnen das und das nicht passt, oder wenn Sie in Ruhe essen möchten, oder Ihnen der Feierabend heilig ist, oder Sie nicht zu der Party kommen wollen, so haben die anderen das zu akzeptieren. Sie haben Nein gesagt und Schluss! Sie müssen nicht irgendetwas erklären und vor allem warum Sie jetzt nicht das und das möchten. Punkt!

In dem Moment in dem Sie anfangen etwas zu begründen, sich zu erklären, haben Sie ein ziemlich schlechtes Gewissen und wollen, dass der andere versteht warum Sie nein sagen. Haben Sie erstmal gesagt, dass Sie pünktlich Feierabend machen wollen, um mit Ihrer Familie zu grillen, so hat Ihr Gegenüber sofort einen Ansatzpunkt. *„Das kannst Du doch auch ein andermal, oder die halbe Stunde"* und und und. Wenn Sie nicht wissen, wie Sie das anstellen sollen, hilft vielleicht eine Idee.

Beispiel:

Haben Sie einen Terminplaner? Oder einen Kalender in das Sie alles eintragen?

Dann haben Sie alles was Sie brauchen um hier für sich eine Grenze zu ziehen. Wenn Sie jemanden anrufen um einen Termin zu vereinbaren und diese Person sagt Ihnen, dass es zu diesem Termin nicht geht, weil da bereits ein anderer Termin drinsteht, stellen Sie bestimmt nicht die Frage: *„Ja was machst du denn da?"*, oder? Also finden Sie einen anderen Termin. Genauso funktioniert es auch anders herum. Wenn Sie gefragt werden ob Sie dann und dann können und Sie haben einen Termin für sich eingetragen, wird Sie kaum einer fragen was Sie da denn machen. So vermeiden Sie zu stammeln oder zu zittern, weil Sie etwas nicht wollen.

Also:

Stehen Sie zu sich selbst und Sie werden selbstbewusster. Niemand hat das Recht Ihnen ein schlechtes Gewissen einzureden.

Energieräuber Nr. 6

Sie schützen Ihre Familie nicht vor der Firma.

Haben Sie gesagt Sie sind um 6 zu Hause, dann seien Sie das auch! Haben Sie gesagt Sie bringen das und das mit, so machen Sie das auch und nicht erst zu Hause sagen, ach ich hol das gleich.

Also wieder ins Auto und noch mal für mindestens 20 Min. weg zum Metzger oder Bäcker oder sonst wohin. Diese Zeit geht Ihnen von Ihrer Freizeit ab. Planen Sie gezielt Freizeit. Könnten Sie in den Terminplaner eines Vorstandes der Deutschen Bank schauen, so würden Ihnen die Augen übergehen. Da steht nämlich auch der kleinste private Termin drin mit Uhrzeit! Raten Sie mal warum. Zum einen wird nichts vergessen und zum anderen ist dann keine Zeit für etwas anderes als für das, was da steht. Notfälle ausgenommen! Die kommen jedoch nur ein- bis zweimal im Jahr vor! Stimmts? Es sei denn Sie brauchen Notfälle als Ausrede.

Diese Menschen schätzen Pünktlichkeit, Zuverlässigkeit und ihre Privatsphäre sehr. Wie machen die das nur? Ja genauso wie Sie! Durch das Einhalten von Zusagen im Privaten wie Geschäftlichen. Erzählen Sie niemandem, dass sei nicht so schlimm, wenn Sie mal zu spät kommen. Dabei bleibt es nämlich nicht. So entsteht Frust an der heimischen Front, die Sie nämlich dann haben. Kennen Sie das?

Beispiel:

Christian ist ein hart arbeitender selbstständiger Unternehmer. Viel Arbeit, wenig Freizeit, ausreichend Geld ist da. Zwei entzückende Kinder 6 und 7 Jahre alt, eine bezaubernde Frau, Claudia.

Claudia schätzt Christian als einen Mann der hart arbeitend, durchsetzungsfähig, selbstständig, zärtlich, lieb zu den Kindern und zu Claudia ist. In Christians Firma wurde immer mehr gearbeitet, die Aufträge kamen zuhauf. Nicht immer so lukrativ wie gewünscht, aber ablehnen wollte er auch niemanden. Immer öfter musste der Verweis auf die Firma als Ausrede für Unpünktlichkeit, wenig Zeit und auch immer häufiger auftretende Unzuverlässigkeit herhalten. Die Kinder sah er meist nur noch am Wochenende oder wenn diese wieder mal nicht schlafen können, weil Mama traurig ist. Zusagen um dies oder das zu erledigen konnte er auch nicht mehr so gut einhalten, weil er vieles vergaß.

Hier wird sehr einfach deutlich, was passiert! Die Firma steht über der Familie.

Stellen Sie nicht die Firma über die Familie und Ihr Privatleben!

Auch nicht des Geldes wegen! Es gibt keinen Ersatz für vertane Zeit, keinen Ersatz für die Zeiten in denen der Partner an Ihrer Seite so langsam aber sicher verkümmert.

Christian konnte die Familie nicht gegenüber der Firma abgrenzen. So kam es zu der obigen Situation. Die Lösung war sehr einfach. Nachdem die Familie bei mir war und jeder seine Sicht der Dinge, auch die Kinder, darlegte, wurde etwas sichtbar. Claudia fühlte sich vernachlässigt, die Kinder fragten sich, ob Papa sie noch lieb hat und Christian wollte seiner Familie was bieten.

Christian begann nach und nach unlukrative Aufträge nicht mehr anzunehmen. Es wurde eine feste Zeit vereinbart zu der Christian nach Hause kommt und auch nach Feierabend nicht mehr das Firmentelefon bedient. Das übernahm ein Auftragsdienst. Ab acht Uhr morgens durfte er in die Firma. Diese Regelung führte zunächst zu einem allgemeinem Lächeln der Familie weil sich niemand vorstellen konnte wie "Papa" das machen soll.

Nach 3 Monaten bekam ich ein sehr angenehmes Feedback. Die Familie hat sich wieder „*gefunden*". Christian ist erfolgreicher als je zuvor und hat auch mehr Zeit.

Die weit verbreitete Meinung, dass mehr Arbeit auch mehr Geld bedeutet gilt nicht. Lassen Sie sich das nicht einreden. Wenn Sie selbstständig sind, sind Arbeitszeiten von 12 Stunden keine Seltenheit. Jetzt verdienen Sie 30.000 € netto oder mehr Euro im Jahr. Würden Sie das Doppelte arbeiten kommen Sie auf 60.000 €, verzichten aber auf Schlaf und Leben.

Manager mittelständischer Unternehmen verdienen ca. 250.000-1.000.000 € im Jahr. Diese sind angestellt und arbeiten im Mittel 12 Stunden. Warum ich das erzähle? Mehr Aufwand bringt nicht unbedingt mehr Geld. Trennen Sie sich von unlukrativen, weil zeitraubenden Dingen. Gönnen Sie sich Zeit für sich und Ihre Familie.

Also:

Gehen Sie mit Ihrer Familie mindestens genauso freundlich und offen um wie mit den Kollegen in der Firma oder Ihren Kunden. Respektieren Sie Ihre Familie!

Energieräuber Nr. 7

Sie unterschätzen Ihre Freizeit und was Sie darin tun.

Damit tun Sie genau das, was ein Herzinfarkt, Schlaganfall oder so, braucht. Kümmern Sie sich um sich. Ihr Körper, Ihr Geist und Ihre Seele danken es Ihnen. Sie spüren mit Ruhe, Liebe und Vertrauen, das Richtige zu tun. Die Zeit der Firma zu opfern macht Sie dort angesehen und gleichzeitig belächelt.

Liegen Sie erst mal darnieder, dauert es nicht lange und Sie sind so vergessen, wie der Sommer oder Herbst oder Winter vom Vorjahr. Dann heißt es nur noch: *„Der soundso kommt wohl auch nicht mehr!"* Na, dämmerts? Schon mal so oder ähnlich gehört? Denken Sie darüber nach! Jeder Tag, jede Stunde, jede Minute, jede Sekunde, nicht eine einzige Zeiteinheit können Sie zurückholen. Nur in der Erinnerung! Und wenn diese Erinnerung an die Arbeit verschwendet wurde, oder an ungeliebte Dinge für andere zu tun, oder, oder, oder, dann wissen Sie spätestens am Sterbebett nicht was Sie Joe Black antworten sollen. Sehen Sie sich mal den Film *"Rendezvous mit Joe Black"* an. Da steht auch der Tod am Sterbebett einer alten Frau und fragt: *„Hast Du genug Erinnerrungen?"* Und die alte Frau lächelt und antwortet: *„Ja, ich habe genug Erinnerungen. "*

Was wollen Sie denn für Erinnerungen haben?
Gute oder eher spannende, nervige, unschöne?

Beispiel:

Der Fall einer sehr engagierten Frau, 39 Jahre alt,
mit einem sechsstelligen Einkommen ist in diesem Zusammenhang bemerkenswert. Sie fliegt
um die ganze Welt und verhandelt mit Firmen-
chefs um große Summen. Ihr Vater erkrankt an
einer schnell fortschreitenden Krebsart. Sonntag-
früh bekommt Sie den Auftrag nach Bangkok zu
fliegen und erst am Mittwoch zurückzukehren.
Also noch mal schnell ins Krankenhaus, dem Vater und der Mutter erklärt, dass es halt nicht
anders ginge und ab in den Flieger.

Noch am Sonntagabend verstarb der Vater. Auf
der ein paar Tage später stattfindenden Beerdi-
gung brach die Frau zusammen. Nach ein paar
Spritzen und Tabletten ging es wieder. Weiter so
im Takt. Monate später saß die Frau wegen uner-
klärlicher Schmerzen bei mir auf der Liege und
erzählte mir ihre Geschichte. Diese war geprägt
von verpassten Gelegenheiten, Enttäuschungen
und Ablehnungen. Am schlimmsten für sie jedoch war, genau gespürt zu haben dass es mit
ihrem Vater zu Ende ging. Sie wollte jedoch ihrem Chef zeigen, dass sie sich trotz der Situation
zu Hause im Griff hat, dass sie funktioniert, dass
sie stark ist.

Wir erarbeiteten eine Strategie, wie sie aus Ihrer selbst gebastelten Falle heraus kommt. Heute, ein Jahr später, hat sie noch immer ihren Job und ist noch immer hoch angesehen. Der Unterschied ist: Pro Tag fast zwei Stunden mehr Freizeit. Zwei Stunden weniger Arbeit bei gleicher Qualität. Das wichtigste aber: Sie kann sich langsam das verpasste Verabschieden von Ihrem Vater vergeben.

Denken Sie immer daran:

Der Tod tauscht's Leben ein!

Dieses Zitat aus einem Theaterstück zeigt auf kurze trockene Art und Weise, wie einfach mal wieder das Leben ist. Sprechen Sie sich mit Menschen aus. Auch wenn eine Ihnen verhasste Person stirbt, damit ist es nicht vorbei.

Also:

*Niemand bezahlt Sie für Ihre verpasste Frei-
zeit. Ihre Freizeit gehört zu 100% Ihnen.
Nutzen Sie diese Zeit um zu leben!*

Energieräuber Nr.8

Das mache ich später mal.

Vergessen Sie es! Haben Sie auch Kenntnis von Geschichten in denen Menschen sprachen was sie alles später mal machen?

Mein Fahrlehrer von 1981 sprach davon. Ich war der letzte Schüler, den er zur Prüfung brachte. Es war Freitag der 12.06.1981. Die Autoprüfung hatte ich schon in der Tasche und ich war an diesem Tag der Einzige, der die Motorradprüfung ablegen musste.

Wir verstanden uns schon seit meiner Mopedprüfungsvorbereitung auf Anhieb. Nach der Prüfung fuhren wir zu ihm nach Hause. Ich auf dem Motorrad und er im Auto vorneweg. Irgendwie musste das Moped ja wieder in seine Garage. Als wir ankamen stand ein großer Container vor seinem Haus in den gerade ein paar Dinge verladen wurden. Er sprach immer davon in den Süden zu gehen. Das wollte er schon vor 20 Jahren, aber das Haus war nicht abbezahlt, die Firma lief gerade gut und so weiter.

Ich machte schon meinen Moped Führerschein von 2 Jahren bei ihm, deshalb wusste ich davon. Er verriet mir, dass er noch morgen früh endlich mit seiner Frau nach Spanien geht. Das Haus war verkauft, mitsamt Mobiliar und allem drum und dran. Mit den neuen Eigentümern war alles gut gegangen und so war er der glücklichste Mann der Welt.

Zwei Tage später hörte ich von einem Freund, der seinen Führerschein auch bei ihm machte, dass er in dieser Nacht verstorben ist.

20 Jahre voller Gedanken an die Zukunft. 20 Jahre voller „*Vorfreude*"? Wohl kaum. Denn wer immer schon einmal unbedingt etwas wollte, der weiß wie sehr wir darunter leiden, wenn wir es nicht haben können, oder, wie in diesem Fall, erst in 20 Jahren.

Erkennen Sie sich wieder? Wollten Sie schon immer mal Drachen fliegen, Tauchen, Flugstunden nehmen, auf einen 4000er steigen, mit einem Rennauto oder Ralleyauto mal so richtig die Kuh fliegen lassen? Wollten Sie schon mal weg von hier? Oh ja, wie die meisten von uns dachten auch Sie daran, aber Sie taten es nicht. Warum? Kein Geld, keine Zeit, die Partner hatten was dagegen, etc. etc. Oder noch viel schlimmer: „*Was sollen die Nachbarn denken?*" Das gibt's ja gar nicht?

Oh doch und wie! Eine Gesprächspartnerin wollte unbedingt einen Mercedes kaufen und fahren. Das Geld dazu war da. Tatsächlich hat sie dann einen Golf Plus gekauft und mir als Begründung gesagt:

„Ist besser so! Sonst hätte meine Familie wieder gesagt: Jetzt ist sie völlig durchgeknallt!"

Merken Sie was? Kommt Ihnen das bekannt vor? Fangen Sie endlich an das zu tun wozu Sie Lust haben und nicht das zu tun was Sie müssen. Der Schluss der Geschichte mit dem Fahrlehrer, die ich Ihnen erzählte, ist äußerst traurig. Seine Frau starb knapp 4 Wochen nach ihrem Mann ironischer Weise bei einem Verkehrsunfall.

Also:

Verschieben Sie Dinge nicht auf später. Tun Sie es oder Sie werden die meisten Dinge lassen.

Energieräuber Nr. 9

Ich muss erst genügend Geld für meine Träume haben!

Wie viel Geld brauchen Sie? Mal ein Experiment! Angenommen Sie könnten 1000 € im Monat sparen, Was würden Sie in Zehn Jahren tun?

120.000 € ohne Zinsen sind eine Menge Geld, aber für ein Auswandern nach irgendwohin vielleicht zu wenig. Warten Sie 20 Jahre! Dann wären es 240.000 €. WOW, das ist schon besser. Mal 5% Zinsen bei guter Anlage, risikoarm sind sicher drin.

Das sind 12.000 € im Jahr oder 1000 € im Monat. Hey, dass ist doch genau die Summe, die ich vor 20 Jahren jeden Monat gespart habe (Sie erinnern sich an den Fahrlehrer?) Mit einem Unterschied jedoch: Ihr Geld ist längst nicht mehr das wert, was Sie vor 20 Jahren begannen zu sparen.

Argument dagegen: Anlegen. Wenn ich 1000 € im Monat sparen kann, dann kann ich diese auch anlegen. Richtig! Und so viel sicherer gegen Wert-Verlust.

Folgendes Szenario: Nach 7 Jahren kommen Sie auf die Idee die Gelegenheit wahrzunehmen dahin zu gehen, wohin Sie wollten.

Sie starten dort natürlich neu und fangen ganz von vorne an, mit Arbeitssuche etc., mit nix, außer Ihrem Erspartem und dem, was Sie sonst besitzen. Umzug, Container, Fracht, neue Wohnung oder Haus zur Miete, kostet ca. 20.000 €. Bleibt also noch was übrig.

Sie sind jetzt 30 bis 45 Jahre alt und haben begonnen ein Haus abzubezahlen, weil Haus- und Grundbesitz so eine tolle Sache ist. Sie haben eine Familie mit 2 entzückenden Kindern und zwei Raten finanzierte Autos der Mittelklasse

(Ok, ein Golf und ein Dreier BMW oder ein C-Klasse Benz, evtl. auch ein Audi A4-Kombi natürlich).

Wer 1000 € im Monat spart, ein Eigenheim bewohnt und Familie hat, fährt nicht gerade Lada.

Aber er spart auch nicht 1000 €!

So ein Reihenmittelhaus will ja auch gegen die Nachbarn abgeschirmt werden, Sie wissen schon - der mit den Salmonellen. Und in den Urlaub zweimal im Jahr soll es ja auch gehen. Sie verdienen jetzt 5000 € im Monat. Klasse, Sie haben es zu etwas gebracht. Gratulation! Normalerweise kommt jetzt die Polizei und verhaftet Sie unter dem dringenden Tatverdacht des Betruges an sich selbst und Ihrer Familie.

AUFWACHEN!!!

Mein Gott sind Sie naiv! Rechnen Sie mir mal vor, woher Sie die 1000 € im Monat nehmen wollen! Da ist nix übrig mein Lieber und meine Lieben, denn der Lebensstandard ist auch gestiegen!

„ALDI! Wer braucht jetzt noch ALDI? Wir gehen doch nicht mehr zum Discounter. „

Also hören Sie auf so einen Mist zu träumen. Sie haben nie genug Geld um Ihre Träume wahr zu machen, wenn Sie nicht von vorn herein daran denken diese Träume mit Ihrer Familie zu besprechen. Macht Ihre Familie nicht mit, sind Sie der gekniffene. Versuchen Sie mal Ihre Frau davon zu überzeugen, dass es gut so ist. Hier ist alles sicher, hier ist der Freundeskreis und überhaupt, was sollen wir denn da. Nix außer wilden Tieren und fremden Menschen, überall wo Du hinschaust.

Anders herum! Versuchen Sie mal Ihren Mann davon zu überzeugen, dass Sie auf die Insel wollen und ganz von vorne anfangen möchten. Der wird Ihnen in seiner sicheren Position wahrscheinlich sagen, dass er doch gerade jetzt wo er es geschafft hat, nicht noch mal von vorne anfängt. Jetzt sind Sie gekniffen!

Testen Sie mal Ihre Beziehung! Sind Sie ein offener Mensch, der von Anfang an über seine Träume gesprochen hat und auch bereit ist in gewissem Masse Kompromisse zu machen, so wird der oder die Partnerin mitziehen. Wenn Sie nicht offen waren fragen Sie sich einmal warum! Handeln Sie meist aus dem Bauch heraus, haben Sie nichts zu befürchten. Ist es eher nur Ihr Verstand, der bei Ihnen im Vordergrund steht, behalten Sie es besser für sich. Sie erleben es beide, dass die Wünsche, gerade in Partnerschaften oft weit auseinander gehen und sich einer von beiden nur angepasst hat, aber nun auf der Strecke bleibt und mächtig Frust schiebt und irgendwann abhaut.

Also:

Sprechen Sie von Anfang an über Ihre Träume! Sehen Sie zu, dass Ihr Partner ähnliche Träume hat und Ihnen folgen kann bei dem was Sie wollen.

Energieräuber Nr. 10

Sie träumen nicht!

Wissen Sie noch, wie Sie als Kind vielleicht im Sandkasten gespielt haben, oder mit einem guten Freund einfach nur auf einen Baum geklettert sind und an nichts dachten? Es schien die Sonne und Sie waren einfach nur da und glücklich. Sie träumten von Heldentaten, zum Mond zu fliegen, die Welt zu umsegeln, oder einfach nur von Omas Apfelkuchen mit Zimt und Schlagsahne. Nicht die aus der Spraydose, sondern die richtige selbst gemachte und dann noch mit Zimt oben drauf.

Wissen Sie noch wie Sie mit dem Weidezaun der Kühe oder Pferde Ihre erste Lektion in Sachen Strom lernten? Oder es vielleicht als Mutprobe nahmen? Wir pinkelten als Mutprobe drauf, sozusagen ein Ritterschlag fürs Leben. Würde ich heute nicht noch mal machen, aber damals war es das tollste und mutigste.

Können Sie sich noch erinnern, als Sie mit Ihrem Vater oder Opa am See saßen und angelten und Sie Ihren ersten Fisch fingen? Als Sie zum ersten Mal in einem Ruderboot oder Segler fuhren? Als Sie zum ersten Mal schwarz mit dem Auto gefahren sind? Natürlich auf Papas Schoss? Der erste Regenwurm? So richtig mit aufessen?

Wieder als Mutprobe? Den Bullen auf der Koppel geärgert, so mit kleinen Steinchen? Im Apfelbaum zur Erntezeit die Äpfel geklaut oder die Kirschen oder die Pflaumen?

Wenn Sie jetzt wehmütige Erinnerungen hatten, konnten Sie Gefühle abrufen, die lange in Ihnen nur darauf gewartet haben ans Tageslicht geholt zu werden. Genauso funktioniert das auch mit den unschönen Gedanken. Aber die brauchen wir nicht.

Es waren lustige, schöne, warme Erinnerungen, nicht wahr? Und genauso wie Sie an die Vergangenheit mit diesen Gefühlen anknüpfen, können Sie das in die Zukunft hinein tun. Ja es ist fast sogar eine Pflicht das zu tun.

Träumen Sie sich Ihre Zukunft!

Sie kennen das doch! Ach, ein Häuschen im Grünen, eine Frau, ein paar Kinder, ein tolles Auto, eine schöne Arbeit, etc. Sind das wirklich Ihre Träume? Oder sind es Träume die andere in Ihnen angelegt haben, damit Sie Träumen wie alle Träumen? Oder noch viel schlimmer: *„Dass Sie die Träume anderer leben?"*

Aber was tun Sie denn?! Machen Sie sich nichts vor. Die Frau oder der Mann hat Sie ausgesucht, die Frau wurde schnell schwanger, ab ins Eigen-

heim. So ein schickes Reihenmittelhaus mit ungefähr 200 Stufen vom Keller bis unters Dach,
Nachbarn, die Sie nicht leiden mögen, Sie wissen
schon, die mit den Salmonellen. Und der fahrbare
Untersatz ist ja so was von individuell, wie ein
Golf, 3er BMW oder Audi A4 oder eine C-Klasse
nur sein kann.

Ihre Träume wurden praktisch! Machen Sie sich
nochmals nichts vor. Argumente für das o. g. gibt
es zu hauf. Vernünftig, benzinsparend, sicher und
so unglaublich praktisch. Und erst das Haus!
Alles da, auf kleinstem Raum. Wie die das nur hin
gekriegt haben? Und das Argument für das 65m²
Gartenrasenhandtuch. Sie wollen doch auch mal
in den Urlaub. Da müssen Sie sonst jemanden
finden, der Ihren Rasen pflegt und die Blumen
gießt. Und so? Da ist ja kaum was drin was ka-
puttgehen kann. Sie rödeln sich sonst was auf um
die Raten für das alles zu bezahlen.

War das Ihr Traum? War das der Traum Ihrer
Frau? War es der Traum Ihres Mannes? Haben
Sie es sich so vorgestellt? Oder sind Sie nur der
Traumerfüller für andere?

Es geht darum hier eine Revolution in Sachen
Traum und Co zu starten. Es geht darum, dass
Sie einmal ins Nachdenken kommen um was es
in Ihrem Leben eigentlich geht. Was Ihnen und
nur Ihnen wirklich wichtig ist.

Sicher ist das, was ich zuvor beschrieben habe übertrieben nicht wahr? Aber auch aus eigener Erfahrung weiß ich genau wovon ich spreche. Dabei wäre es so einfach etwas zu ändern.

Noch mal: Träumen Sie!

Und wenn Sie nicht wissen wie Sie das anstellen sollen, dann erinnern Sie sich an Ihre Kindheit! Sicher kennen Sie das auch als Spruch von Ihren Eltern: *„Hör auf zu träumen!"* oder *„Hör auf zu spinnen!" „Träumst Du schon wieder?"*

Nein, Sie können gar nicht oft genug träumen und spinnen. Denn das sind Dinge wie Sie die Welt möchten und nicht wie andere wollen dass Ihre Welt zu sein hat.

Die Schritte dahin sind nicht groß. Einfach mal anfangen, denn Sie brauchen das Zutrauen, dass das auch funktioniert. Sonst sind Sie wieder gefrustet und hören gleich auf.

Träumen Sie groß! Think Big!

Beispiel:

Ina ist eine liebe, nette, aufmerksame und treue Seele. Sie arbeitet im Familienbetrieb mit all seinen Nachteilen als da wären: Mehr Arbeit für gleiches Geld, weniger Urlaub, oder betteln damit es welchen gibt, schlechtere Bezahlung als die anderen Mitarbeiter, usw.

Zu den Vorteilen fällt mir im Moment nichts ein, außer, dass der innere Drang der Familie zu helfen und endlich anerkannt zu werden, gestillt wird. Wie gesagt, der Drang wird gestillt und sonst gar nichts. Es gelingt leider nur in den seltensten Fällen familiär zusammen zu arbeiten. Und da wo es klappt ist es wunderbar.

Doch zurück zum Beispiel:

Ina hat einen Traum. Ein asiatisches Restaurant mit einem bestimmten Ambiente, Umgangsformen innerhalb des Restaurants, der Speisen und natürlich der Lage des Restaurants. Nun ist es so, dass Ina nicht die Menge Geld verdient, die nötig wäre, auszusteigen und ein Objekt zu kaufen dessen Umbau zum Restaurant möglich wäre.

Stellen Sie sich mal die Frage wie wahrscheinlich es ist, dass Sie Ihre Träume mit der jetzigen Position, Ihrem jetzigen Gehalt und Ihren jetzigen Gedanken erreichen.

Eher schwierig, würde ich jetzt mal annehmen.
Aber darauf kommt es überhaupt nicht an! Ina hat diesen Traum und wenn das das ist was sie will, so wird sie es erreichen. Wie aber kommen Sie oder Ina an Ihre Träume? Zunächst einmal:

Denken Sie Ihre Träume, fühlen Sie, wie sich das anfühlt was Sie wollen und vor allem denken Sie in großen Dimensionen!

Denn dieses berühmte „*Think Big*" der Amerikaner ist die Wurzel der Kraft, die Sie benötigen um Grosses zu erreichen.

Wir bekamen aus unserem früheren Umfeld oft zu hören wie schwer alles ist, wie hart wir arbeiten müssen um etwas zu erreichen und vor allem noch: „*Nichts ist umsonst!*"

Das stimmt nicht! Das Leben ist weder ungerecht noch hart noch schwierig noch muss man für alles was tun. Wir selbst sind es, die es immer wieder schaffen Dinge zu tun, die das Leben so schwer und hart erscheinen lassen.

Sie erinnern sich an Ihren letzten Urlaub? Wie einfach alles war, nachdem die Erkältung, für die Sie während der Arbeit keine Zeit hatten, abgeklungen ist. Ihre Gedanken, wenn Sie mal nicht bei der Arbeit oder den unerledigten Dingen waren, schöne Dinge zuließen?

Genauso funktioniert dieses „*Think Big*". Ach könnte es doch immer so sein wie im Urlaub. Kennen Sie das?

Sicher! Denken Sie um, denken Sie anders, denken Sie das Unmögliche!

Sie können niemanden überholen wenn Sie in dessen Fußstapfen treten.

Also raus und eigenen Weg finden! Wie aber kommt Ina zu Ihrem Restaurant? Dazu sind ein paar Schritte nötig. Zunächst einmal Ihr jetziger Job. Er füllt Sie nicht aus, ständig irgendwelche Streitereien, Machtspielchen und Frust. Als jüngstes Mitglied der Familie hat Sie sowieso einen schwereren Stand als alle anderen. Die letzte Gehaltserhöhung liegt nun auch schon Jahre zurück.

Nach ein paar Gesprächen und dem Lösen von alten Mustern war ich eines Tages zu einem Termin freudig überrascht, als Ina mir mitteilte, dass Sie gekündigt hat. Und das ohne einen neuen Job in Aussicht zu haben. Sie fühlte sich dabei außerordentlich gut und ruhig, denn endlich bewegte sich etwas in Ihrem Leben.

Entweder Sie bewegen sich oder das Leben bewegt Sie!

Was ist Ihnen lieber? Was war geschehen? Das was ich zuvor beschrieben habe. Ina fing an zu träumen. Sie sah sich in diesem Restaurant mit den Gästen, den Mitarbeitern usw. Ihre jetzige Position konnte ihr diesen Traum nicht geben.

Vielleicht auch nicht die nächste. Vielleicht wird Sie 250.000 € brauchen um so ein Restaurant zu eröffnen. Das kann Sie auch in 15 Jahren nicht sparen. Aber und jetzt kommen wir zum entscheidenden Punkt:

Wenn Sie Dinge tun und den Mut haben dazu zu stehen und Ihre Träume zu leben und zu denken und zu fühlen was Sie wirklich sind, treten Menschen in Ihr Leben, die Ihnen bei der Erfüllung Ihrer Träume helfen.

Ich kann Ihnen nicht sagen, wie diese Geschichte enden wird, aber eines ist sicher, Ina ist ruhiger geworden, selbstsicherer und viel stärker in Ihrem Glauben an sich selbst.

Also:

Schon wieder: Träumen Sie! Lassen Sie sich Ihre Träume nicht schlecht reden oder für unmöglich halten!

Energieräuber Nr. 11

Sie hören nicht auf Ihr Bauchgefühl!

Sehen Sie sich die Menschen in Ihrer Umgebung gut an! Hören Sie auf Ihr Bauchgefühl. Dieses Bauchgefühl ist der einzige Kommunikations-Assistent den Sie haben, der es ehrlich mit Ihnen meint. Im Kopf entsteht der Kompromiss, im Bauch die Wahrheit und Ehrlichkeit.

Ein Beispiel:

Sie lernen eine Person kennen, ob Männlein oder Weiblein, sei mal dahin gestellt. Ihnen geht es gut und Sie sind bester Laune. Da ist es schnell passiert, dass Sie sich nicht auf das konzentrieren, was nötig wäre. Nämlich Ihr Bauchgefühl. So passiert ist es Jürgen und Annika mit Ihren zwei Kindern. Sie lernten ein Pärchen aus der Nachbarschaft kennen. Diese Leute wohnten auch noch „*zufällig*" nur 3 Häuser weiter und die Kinder gingen in den gleichen Kindergarten. Alles ist schön, alles ist wunderbar und so praktisch!

Könnt Ihr mal auf die Kinder aufpassen? Na klar, kein Problem. Umgekehrt? Hey, warum nicht, kommt doch zum Grillen rüber wenn es passt. Annika hatte jedoch von Anfang an so ein komisches Gefühl.

Sie konnte es nur nicht einordnen und schwieg lieber als Blödsinn zu reden.

Wenn Sie ein unbestimmtes Gefühl haben, wie auch immer, reden Sie mit Ihrem Partner und Freunden darüber.

Das mit dem passen war eher selten und so richtig Kontakt wollten die anderen auch nicht mit Jürgen und Annika. Bernd und Birgit, so der Name der netten Nachbarn waren so unterschiedlich wie man nur sein kann. Birgit ging ganz auf in der Rolle als Mutter und Bernd war fast nie zu Hause, er musste ja das Geld verdienen.

Birgit klagte nie und Bernd war nie da. Jürgen und Annika bemerkten anfangs gar nicht wie mehr und mehr einseitig diese ganze Sache wurde. Birgit gab die Kleinen immer öfter bei Annika ab um allein zu sein. Es gab auch ein Gefälle was das Gehalt anging. Bernd verdiente viel mehr als Jürgen. Birgit und Annika arbeiteten gar nicht. Nun kam es aber das Annika sich einen Job suchte, weil sie Lust dazu hatte. Es war nur ein Ein-Tages Job, aber er gab Annika viel mehr als nur Geld, nämlich Bestätigung und neue Gedanken.

Annika ist eine quietsch fidele junge Frau, optimistisch und meist gut drauf. Der Job brachte sie auf neue Ideen und ihre Laune besserte sich noch mehr.

Dazu war es aber nötig, dass die Kinder ab und zu untergebracht werden mussten. Annika fragte bei Birgit an und am Anfang klappte das wunderbar.

Nach ca. einem Jahr jedoch kam es zum Eklat. Annika rief Birgit an, wie schon oft zuvor, und fragte, ob Sie die Kinder bringen kann und war total überrascht, als Birgit meinte, dass das nicht ginge. Bernd wollte das nicht mehr, es hätte zu viel Einfluss auf die eigenen Kinder. Es müssten klarere Regeln her was den Umgang mit den Kindern von Annika und Jürgen angeht. Außerdem kommen die Kinder von Bernd und Birgit jetzt auf eine Privatschule und da müssen die Prioritäten für den Umgang der Kinder neu gesetzt werden.

Im Klartext heißt das nichts anderes als:

„Wir wollen nicht, das Eure Kinder unsere versauen!"

Sie als Leser können sich wahrscheinlich vorstellen, was in Annika und Jürgen vorging. Man hat zwei Jahre einen ach so guten Kontakt und dann so was. Es wurde von Bernd und Birgit nicht einmal ansatzweise darüber geredet. Die Kinder im wechselseitigen Einvernehmen hin und wieder gegenseitig hüten ist ok, aber an Grillabenden oder auf privaten Feiern mal ein offenes Wort, nein das gab es nicht.

Was war geschehen? Ganz einfach und das rate ich jedem Menschen wenn er oder sie neue Leute kennen lernt:

Hören Sie auf Ihr Bauchgefühl!

Wenn Sie das nicht tun, werden Sie negative Erfahrungen machen. Wenn nicht früher, dann später. Und ich meine früher ist besser als später, da sich dann noch nicht soviel vermeintliche Vertrautheit eingestellt hat.

Annika kam voll Zorn, Empörung und Verletztheit. Ich ging mit ihr zu dem ersten Gefühl zurück, das sie verspürte als Sie Bernd und Birgit kennen lernte. Interessanterweise konnte Annika sofort sagen, was sie von Anfang an störte.

Es war diese Kälte und Distanz, die von Bernd ausging. Er sei wohl was Besseres und Birgit sein Hausmütterchen. Als sich die tiefen Gräben offenbarten, die zwischen den Familien vorhanden waren, brach natürlich auch für die Kinder eine Welt zusammen. Kinder werten noch nicht wie Erwachsene. Kindern ist es egal, ob der Spielpartner Gelb, Grün, Rosa, Schwarz oder Weiß ist. Kindern ist es egal, welche Sprache gesprochen wird. Erst wenn die Eltern über die Kinder Ihren Krieg und Arroganz und *„Seht her was wir haben!"* austragen, erst dann wird es auch für Kinder problematisch.

Hören Sie auf Ihr Bauchgefühl!

Ich kann das gar nicht oft genug wiederholen. Denn nur Ihr Bauchgefühl hat das was unser Kopf nicht hat. Die feinen Antennen die nötig sind um Gutes für Sie von Schlechtem bzw. nicht Gutem für Sie zu unterscheiden. Im Kopf entsteht der Kompromiss, wie z. B. *„wird schon, erst mal sehen usw.*", im Bauch jedoch nur: *„Ist Gut für mich oder ist nicht Gut für mich.*" Für einen anderen Menschen müssen Dinge die gut für Sie sind nicht auch gut sein. Und Dinge, die für Sie nicht gut sind, können für einen anderen Menschen sehr wohl gut sein. Dieser andere Mensch befindet sich ja in anderen Lebenssituationen als Sie.

Also:

Hören Sie auf Ihr Bauchgefühl und wenn es Ihnen noch so absurd vorkommt. Reden Sie mit Ihrem Partner darüber, denn meist hat auch der Partner die gleiche Wahrnehmung und handeln Sie danach! Das erste Gefühl ist richtig.

Vertrauen Sie sich!

Energieräuber Nr. 12

Ich erwarte was von anderen!

Nein, natürlich nicht, werden Sie sagen und Sie haben Recht! Und wie Sie Recht haben! Warum jedoch sind immer noch Menschen in Ihrer Umgebung, die Sie nicht so gut leiden können? Mit denen Sie Kontakte pflegen obwohl Sie wissen, dass es Ihnen nicht gut tut? Warum sind da noch immer Menschen denen Sie sich verpflichtet fühlen? Nur weil die Kinder in den gleichen Kindergarten oder in die gleiche Schule gehen, heißt das noch lange nicht, dass Sie sich auch verstehen müssen und auf Partys gehen oder Einladungen als Wurfsendung betrachten.

Wollen immer wieder „*Freunde*" von Ihnen das Sie Dinge tun zu denen Sie keine Lust haben? Umzug, Kino, obwohl der Film nichts für Sie ist, Autoschrauben, irgendwas besorgen, etc., etc.

Diese Menschen ziehen Ihnen auch Energie. Und zwar saftig viel Energie. Schauen Sie mal in Ihr Inneres. Wenn der oder der anruft, was macht das mit Ihnen? Ich habe in Cafés, Kinos, Warte-Schlangen an der Kasse usw. Gespräche angehört, in denen Menschen sich unterhielten. Während des Gespräches kommt ein Anruf. Nachdem angenommen wurde erfolgt ein Augenrollen, ein Seufzen oder das Zuhalten der

Hörermuschel. Dann der Hinweis an den Gegenüber „*Der schon wieder*" oder „*Die schon wieder*" und im Anschluss zuckersüß „*Hallöle*". Kennen Sie das? Sicherlich! Und genauso wie es hier im Kleinen geschildert wird passiert es ständig um Sie herum.

In Wahrheit wollen Sie Dinge nicht tun, machen es aber trotzdem, weil der Ihnen ja auch mal bei irgendetwas geholfen hat. Das sind nicht Ihre Freunde! Jetzt mal ganz trocken. Wenn Ihnen jemand hilft, so macht er das, weil er oder sie es gerne tut. Erwartet diese Person daraufhin auch etwas von Ihnen, so ist es das Problem dieser Person und nicht Ihres.

Beispiel:

Eine Fleisch- und Wurstwaren Fachverkäuferin reicht einem kleinen Jungen, ca. 5 Jahre alt, eine Scheibe Wurst nach dem Einkauf durch die Mutter. Kennen wir doch von früher. Der Junge bedankt sich nicht. Daraufhin drängt die Mutter das Kind sich zu bedanken. Er macht das aber nicht. Mehrfach redet die Mutter auf das Kind ein, aber der weigert sich fest. Der Junge schaltet auf stur und steht mit verschränkten Armen da.

Zwischenzeitlich hat die Mutter die Wurstscheibe sichergestellt. Es entwickelte sich ein sehr einseitiger Dialog der Mutter gegenüber Ihrem Sohn.

Das macht man nicht! Man hat sich zu bedanken wenn man etwas bekommt! Du bist aber ungezogen heute! HEUTE? Ach was! Immer!

Und nun ist etwas passiert, was mit der Wurstscheibe nichts mehr zu tun hat. Mutti wurde richtig sauer auf den „lieben" Kleinen. Weil Mutti plötzlich in ihren Augen schlecht dastand. Von wegen Erziehung und so. Aber darum ging es gar nicht. Erinnern Sie sich noch an den Anfang? Am Anfang stand eine Scheibe Wurst und sonst nichts.

Die Fleisch- und Wurstwaren Fachverkäuferin sagte mehrfach in das mittlerweile lautstarke Einreden von Mutti auf das Kind: „Ich hab's gern gemacht". Plötzlich war die Fleisch- und Wurst-Waren Fachverkäuferin in einer Schuldsituation und dachte sich wahrscheinlich: "Wenn ich das gewusst hätte...". Das Ende vom Lied: Das Kind bekam die Ansage: "Es gibt nur was, wenn Du Dich bedankst!" und die Wurstscheibe ging zurück an die Fleisch- und Wurstwaren Fachverkäuferin. Das Geschrei des Kleinen begleitete mich noch bis ich durch die Kasse war und das Geschäft verlassen hatte.

Alles startete mit der Erwartung der Mutter an das Kind. Was denken andere über mich wenn sich der Junge nicht brav bedankt. Der hatte aber keine Lust dazu, weil er die Wurstscheibe gar nicht bestellt hatte, sie aber doch gern isst. Der Fleisch- und Wurstwaren Fachverkäuferin war es wohl ziemlich egal.

Nehmen Sie den Erwartungsdruck von sich und anderen!

So werden Sie besser spüren und merken wann etwas ok ist und wann nicht. Das macht ein beruhigendes Gefühl bei Ihnen und Ihrer Familie. Erinnern Sie sich noch an das bestimmte Absagen von Kontakt beim Mittagessen in der Firma? Das Sie lieber alleine Essen möchten? Wenn der oder die Gegenüber daraufhin beleidigt ist, so ist das ganz allein das Problem des Gegenübers.

Niemand hat das Recht über Ihre Zeit zu bestimmen, ob bewusst oder unbewusst!

Finden Sie für sich heraus was Sie möchten und was nicht! Es geht um Ihre Freizeit und die Ihrer Familie. Ich behaupte nicht dass Sie auf soziale Kontakte jeglicher Art verzichten sollen, aber überprüfen Sie für sich einmal ganz genau mit wem Sie Ihre kostbare Zeit verbringen wollen.

Also:

Über die Menschen, die Sie kennen und mögen, entscheiden Sie selbst.

Energieräuber Nr. 13

Sie machen sich von der Meinung anderer abhängig!

Wie im vorigen Kapitel geschildert, Sie wissen schon die Fleisch- und Wurstwaren Fachverkäuferin, besteht für uns die große Gefahr uns von der Meinung anderer abhängig zu machen.

Der Mutter war es schlichtweg peinlich, dass der Kleine nicht so reagiert hat wie es sich *„für einen wohlerzogenen Jungen gehört."*

Und die vorige Geschichte zeigt auch wann diese „Abhängigkeit" von anderen begann. In der Kindheit nämlich. Ja ja werden Sie jetzt sagen. Wieder einer, der behauptet, dass alles an der Kindheit liegt.

Ja, lieber Leser. Warum sind Sportler so erfolgreich, die in der Kindheit von klein auf bestimmte Dinge getan haben. Michael Schuhmacher, Lance Armstrong, Boris Becker und Steffi Graf, alle haben von klein auf Ihren Sport begonnen.

Und Sie glauben allen Ernstes, dass Dinge die unser Verhalten maßgeblich beeinflussen, nicht im süßen Kindesalter angelegt wurden?

Sie kennen das bestimmt: *„Das ist ja genau wie zu*

Hause". Oder noch besser: *„Du bist genau wie meine Mutter!"*

Daran erinnern Sie sich, aber an so bestimmte Lerneinheiten nicht? Ist ja auch unbequem.

Aber jetzt mal zurück zu dem was hierbei wichtig ist. Der kleine Junge hat mit 5 Jahren was gelernt. *„Du bekommst nur etwas, wenn Du dafür dies oder das machst."* Da ist Sie schon wieder, diese Erwartungshaltung und die Abhängigkeit von der Meinung anderer. Nur wenn ich in den Augen anderer gut bin, nur dann mögen Sie mich. Denn daraufhin wird auch der kleine Junge diese Information an andere Menschen weitergeben. Ich helfe Dir bei diesem oder jenem, dafür erwarte ich aber dass Du mir bei etwas anderem hilfst.

Wenn Sie das so sagen können, haben Sie eine klare Ansage gemacht, was die Bedingung angeht, die Sie aufstellen. Das schafft auf der anderen Seite auch eine gewisse Form von Planungs-Sicherheit.

Also:

**Die Meinung anderer soll Ihnen egal sein.
Handeln Sie nach Ihrem Gefühl.**

Energieräuber Nr. 14

Sie versagen Ihrem Partner Sexualität, Zärtlichkeit und Wärme

Sie werden fragen, was hat das denn hier zu suchen? Eine ganze Menge. Ich gebe doch alles was er oder sie braucht. Was ist denn das, was uns am Anfang einer Beziehung fit macht? Was ist denn das, was uns antörnt wenn wir jemanden super *"anziehend"* finden? Viele von uns haben nichts Eiligeres zu tun, als mit der oder dem neuen Bekannten ins Bett zu kommen. Man geht eine Beziehung ein, man zieht zusammen, man bekommt Kinder und man bekommt den Alltag wenn man nicht aufpasst.

Na so was aber auch!

Alltag! Was für ein Wort. Das klingt nicht nach erogener Zone oder gar Orgasmus (**Herkunft:** *griechisch, Orgasmus nennt man den Höhepunkt der sexuellen Erregung und der Lust, mal so für die, die es vergessen haben oder sich nicht erinnern können, weil zu lange her*).

Was passiert denn da so das wir mit dem anderen plötzlich nicht mehr können? Wenn wir nicht mehr die Lust verspüren den anderen immer wieder zu berühren und zu stimulieren.

Wenn sexuelle Verweigerung zur Waffe wird!

Häufige Antworten sind:

– Man hat sich aneinander gewöhnt
– Es kehrt Langeweile ein
– Ich kriege Kopfschmerzen
– Der Mann hat eine erektile Dysfunktion, also kann nicht, usw.

Kurze Frage mal so am Rande. Was ist denn jetzt wirklich passiert?

Haben Sie wirklich Kopfschmerzen oder ist es was anderes? Bekommen Sie als Mann keine Erektion, weil Ihre Frau so langweilig ist, oder was?

Ist es nicht vielmehr so, dass die Erwartungen des jeweils anderen Partners immer wieder enttäuscht worden sind weil der andere die Erwartungen nicht erfüllt hat? Mal in den Arm nehmen, eine zärtliche Berührung, ein paar schöne Worte. So wenig hätte genügt! Aber Nein! Der Kerl macht es einfach nicht. Und meine Frau? Die trägt schon länger keine *"heißen"* Sachen mehr.

Alle mal laut lesen!

Tun Sie das was Sie von Ihrem Partner erwarten erstmal selber!

Soll Ihre Frau heiße Sachen anziehen, damit Sie angemacht sind? Tja, mein lieber Mann, dann mal raus aus dem Trainingsanzug und die weißen Socken werden nicht in den Sandalen angezogen. Das Hawaii Hemd endlich dem Müll übereignen. Sie werden sehen, wenn Sie etwas tun, so wird Ihre Frau auch über ihr Outfit nachdenken. Und liebe Damen der Schöpfung: „*Sie wollen hören, dass Sie gut aussehen? Sie wollen angefasst wer-den und zärtlich gestreichelt?*" Beginnen Sie zu handeln. Tun Sie es! Nur dann wird auch der Herr der Schöpfung merken: "*Hoppla, ich mag ja auch, wenn sie mir sagt, dass ich gut aussehe oder mich zart, oder auch mal hart, berührt.*" Plötzlich erwacht der Sports-mann im Manne und es könnte Ihnen passieren, dass Sie das zurückbekommen.

Beispiel:

Eine Unternehmerin kam zu mir und sah sehr traurig aus. Sie sei völlig frustriert und will sich von Ihrem Mann trennen, mit dem sie drei Kin-der hat. Der Mann ist ebenfalls Unternehmer, sein Geschäft läuft allerdings nicht besonders. Das Geschäft der Unternehmerin funktioniert tadellos und vor Aufträgen kann sie sich kaum retten. Seit ca. zehn Jahren läuft es nicht mehr, nur noch mürrische Bemerkungen und im Bett ist nichts als tote Hose. Dazu kommt, dass der Mann einen Seitensprung hatte.

Bei ihm ist außer hohem Blutdruck, hohen Cholesterinwerten, einer Schilddrüsenunterfunktion, einem Magengeschwür und einer seit einem Jahr bestehenden Impotenz sowie dem langjährigen schlechten Gewissen, nichts weiter. Die tägliche Ration an Betablockern, Rezeptorenhemmern und Hormonen würde einen Astronauten ca. vier Monate am Leben halten können

Bei ihr ist es nur zu Kopfschmerzen, Übellaunigkeit und gelegentlichem Auftreten von Mordgedanken gekommen. Dieser Ignorant! Wie kann er nur?

Ich bat die Unternehmerin ihre private Situation mal aus Sicht der handelnden, erfolgreichen, selbstständigen zu sehen und mir zu sagen, was Sie der Frau raten würde. Sie sagte wörtlich:

"Sag dem Typen was Du willst, verändere Deine ablehnende Haltung und nimm die Sache selbst in die Hand und warte nicht darauf das er was tut! Kommt er nicht aus der Ecke, so hau ab und mach Dein Ding alleine."

Handeln Sie, reden Sie und zeigen Sie die Konsequenzen auf. Nur so werden Sie etwas bewegen und was noch besser ist, den Partner bewegen.

Wenn Sie schon die Bazooka im übertragenen Sinne auspacken (*Die Bazooka war eine raketenangetriebene Panzerabwehrhandwaffe der US-amerikanischen Streitkräfte*) und mit allen Konsequenzen drohen, seien Sie sich im Klaren darüber, dass diese Konsequenzen unter Umständen auch eintreten. Wenn nicht von Ihrer Seite, dann vielleicht von der anderen.

Wenn Sie drohen, kann es sein, dass es so kommt!

Nach ein paar Wochen kam die Unternehmerin wieder zu mir und war das blühende Leben. Auf meine Frage, was denn passiert sei, meinte sie nur:

„Ich habe das getan was wir ausgearbeitet haben. Ich habe mir 20 Jahre meiner Beziehung zu diesem Mann von der Seele geredet und ihm alles gesagt was mir nicht gefällt, auch was mir gefallen hat, aber nur verschütt gegangen ist. Und was meinen Sie was passiert ist. Nach ein paar Tagen, ohne erkennbare Reaktion, war mein Mann wie ausgewechselt. Ordentlich angezogen, nett, höflich und wir haben wieder Sex miteinander. Wir erleben so etwas wie einen zweiten Frühling. Ich habe plötzlich morgens, mittags und abends Sex. Wir gehen aus und fahren spontan in den Urlaub.“

Der letzte gemeinsame Urlaub lag 8 Jahre zurück und war ein Desaster.

Angenehmer Nebeneffekt beim Mann war, dass er auf die Idee kam alle Medikamente abzusetzen. Der Blutdruck normalisierte sich und von seiner Impotenz war keine Spur mehr zu spüren. Um die Geschichte abzurunden kommt natürlich noch die Hausärztin ins Spiel die dem Mann prophezeite: *"Wenn Sie nicht unverzüglich wieder mit der Medikamenteneinnahme anfangen, werden Sie in einem Jahr tot sein!"*

Statt sich über eine derartig positive Wendung zu freuen, wendet sich die gute Frau Doktor der Hellseherei zu und impliziert dem Mann ein sehr schlimmes, schnelles Ende. Danke Doc! Vielleicht ist aber auch nur Neid im Spiel, wer weiß? Der Mann hat die Jahresfrist erfolgreich überlebt.

Also:

Wenn Sie wollen, dass sich etwas verändert so machen Sie den ersten Schritt und tun Sie das von sich aus, was Sie vom Partner erwarten. In den allermeisten Fällen wird der Partner mitziehen und genießen. Wenn nicht, so seien Sie konsequent und handeln Sie nach den angekündigten Schritten. Wenn Sie es nicht tun, werden Sie unglaubwürdig gegenüber sich selbst.

Energieräuber Nr. 15

Sind Sie sich und anderen gegenüber nachtragend!

Das ist eines der sichersten Mittel überhaupt um im Leben nicht voran zu kommen.

Nehmen wir mal einen Briefträger als Beispiel. Da kommt der gute Mann jeden Tag daher und gibt uns Briefe, Pakete und Päckchen. Ist ja auch sein Beruf das zu tun. Jetzt stellen Sie sich mal vor, der findet seinen Job so Klasse und liebt jeden einzelnen seiner Briefe. Und dieses Päckchen ist ja so schön. Wie die Leute die Kordel so kunstvoll darum geschnürt haben. Und der Briefträger liebt die ganzen Pakete und Briefe und Päckchen so sehr, dass er kein einziges davon ausliefert, sondern behält. Und da es ja sein Beruf ist, trägt er diese Dinge jeden Tag vor Ihre Haustür, gibt Sie aber nicht bei Ihnen ab. Problem dabei: Es werden täglich mehr.

Was würden Sie über den Geisteszustand dieses Mitmenschen denken? Volltrottel! Gib mir meine Briefe, Pakete und Päckchen, oder ich zeig Dich an! So oder so ähnlich würde es wohl laufen.

Und gerade jetzt sind Sie sich selbst in die Falle gegangen.

Eben wollten Sie keinen Cent auf die mögliche vorhandene Intelligenz des Briefträgers setzen und doch machen Sie auf Ihre eigene Art genau das gleiche.

Wir sind nachtragend! Der eine mehr, der andere weniger. Und das lösen von dieser Eigenschaft ist recht aufwendig. Nehmen Sie die Elefanten. Die vergessen nichts und niemanden. Manchmal ist das gut. Aber mal ehrlich! Wollen Sie immer alle Menschen im Gedächtnis behalten, die Ihnen mal was Böses wollten? Ist ein ziemlicher Aufwand für unser Gehirn und unser Seelenleben. Die guten Sachen bleiben immer. Wir schaffen es nur allzu oft die schlechten besser abrufbar zu halten.

Lernen Sie das Vergeben! Lernen Sie und üben Sie Nachsicht. Nicht alles sind so gut wie Sie.

Beispiel:

Ein anderer Mensch hat Ihnen, vor einiger Zeit, vielleicht auch vor Jahren, etwas angetan. Der Groll und Ärger beim Erwähnen dieser Person ist immer noch stark. Was können Sie an dieser gewesenen Situation ändern? Nichts mehr! Aber Sie können sich und den oder die Person endlich aus der Schuld entlassen und die Sache damit auf sich beruhen lassen. Sprechen Sie mit der Person darüber. Nach vielen Jahren ist normalerweise jeder froh, diese Geschichte endlich ruhen lassen zu können. Sagen Sie der Person: „Ich weiß wir hatten eine schwere Zeit, aber nun will ich es abgeben und vergessen." Dazu ist einfach diese Vergebung, dieses *„Ich lasse Dich aus der Verantwortung"* nötig. Versuchen Sie es. Es lohnt sich.

Typische Gespräche innerhalb von Familien die so oder ähnlich passieren:

„Also hast Du gesehen was die so und so der Tante Käthe geschenkt hat? Frechheit! Und wir werden bei der letzten Einladung mit so einer lächerlichen, was auch immer, abgespeist. Wenn die Müllers uns jetzt nicht bald anrufen und sich mal mit uns treffen dann will ich nichts mehr von denen wissen."

„Hoffentlich vergisst mein Mann nicht unseren Hochzeitstag oder meinen Geburtstag. Wenn doch, bin ich aber stinke sauer."

„Was die mir angetan hat, kann ich einfach nicht verzeihen!"

Noch mehr Beispiele gefällig? Oder reicht es schon, bevor wir ans Eingemachte gehen?

Was soll das? Was heißt es denn nachtragend zu sein? Ganz einfach. Ich bin damit beschäftigt jemandem etwas hinterher zu tragen.

Wie der Postbote am Anfang dieses Kapitels. Wenn Sie so ca. 25 Jahre gesammelt haben, so wundern Sie sich bitte nicht über Ihre Rückenschmerzen. Wenn doch suchen Sie den Orthopäden Ihres Vertrauens auf. Der gibt Ihnen eine Spritze und die wirkt. Super toll, Spitzenklasse.

I Love DICLOFENAC, *yeah!*
(ein Schmerzmittel)

Eine Woche keine Schmerzen. Dann doch wieder. Noch mal zum Doc und den nächsten grossen Schoppen ins Gesäß. Glauben Sie mir, dass können Sie eine ganze Weile so bekommen. Was aber bringt das?

Gar nichts! Gar nichts deshalb, weil Sie nichts verändert haben. Warum also soll der Schmerz weichen, der ungeliebte?

Schauen Sie doch mal genau hin. Was von den vielen Paketen und Päckchen und Briefen können Sie denn zustellen? Wahrscheinlich keines mehr, weil schon so lange her und der Ausgangspunkt schon lange vergessen wurde. Manchmal ist der Zorn nur um des Zornes willen noch da. Also hilft nur eines. Beim nächsten Mal direkt klären was Sache ist und den Brief oder das Päckchen oder das Paket direkt zurücksenden. Denn dann ist es da wo es hingehört und bleibt nicht bei Ihnen.

Alles andere aus der Vergangenheit werfen Sie weg. Es nützt Ihnen heute nichts mehr, es sei denn Sie sind Messi. Wird aber eng bei Ihnen zu Hause, mal emotional gesehen.

Also:

*Wenn Sie sich über irgendwas ärgern,
aufregen oder wegen anderen mal wieder auf
Ihren Lieblingsplatz — die Palme — gehen
wollen, so sagen Sie gleich was los ist.
Andernfalls schleppen Sie es mit sich herum.
Nicht umsonst spricht der Volksmund
davon, dass der auch sein Päckchen zu
tragen hat.*

Energieräuber Nr. 16

Sie beschäftigen sich und Ihren Partner mit Kleinkrieg.

Sie werden das kennen. Vorwurfsvolle Blicke von Ihr, wenn er mal wieder mit dem Motorrad fahren will. Ironische Bemerkungen von ihm, wenn ihr wieder mal beim Auto fahren das eine oder andere Missgeschick passiert. Er lässt die Zahnpasta Tube offen und aus Rache wird in seinem Auto mit den Kindern eine extra große Tüte Butterkeks gegessen. Sie wissen schon, die echten mit den xxxx Zähnen, die wirklich knusprigen.

Was bringt Ihnen das? Außer der latenten Gefahr eines Magengeschwürs oder einem übersäuertem Körper, Streit mit der Familie, permanente Anspannung usw.

Wie wäre es, wenn diese kleinen Machtspielchen mal aufhören? Schöner Gedanke nicht wahr?

Warum tun wir das? Die Spielchen spielen? Kann es sein, dass es etwas mit unserer eigenen Unzufriedenheit zu tun hat? Mit der Unfähigkeit uns selber so anzunehmen wie wir sind?

Beispiel:

Ich hatte den Fall eines erfolgreichen Unternehmers. Einkommen so um die 100.000 € pro Jahr. Relativ viel Freizeit, da er meist nachts arbeitet. Mittlerweile über 30 Jahre verheiratet und ein paar Kinder, die allesamt bis auf eins aus dem Haus sind.

Eigentlich sind doch alle Voraussetzungen da um ein entspanntes Leben zu führen.

Aber Nein! Den Beiden geht es viel zu gut. Und so beschäftigen sie sich mit genau dem Kleinkrieg, den ich vorher beschrieb. Bestimmte Dinge sind ritualisiert, ja geradezu lebensnotwendig in der Beziehung.

Da wäre zum einen das ungezwungene Reden ihrerseits darüber, dass sie kein Problem damit haben würde wenn er mal eine Woche alleine weg wäre. Dem aber nicht so ist! Wehe er tut das! Andererseits kommen vorwurfsvollen Blicke schon wenn er alleine Einkaufen will um, wie er sagt, mal für eine Stunde Ruhe zu haben.

Auf seine Andeutung, er möchte mal über ein Wochenende alleine wegfahren um den Kopf frei zu bekommen, erlitt sie eine vagovasale Synkope, also eine Ohnmacht.

Andererseits möchte Sie manchmal seinen Sportwagen fahren. Das alleine lässt die meisten Männer schon Betablocker und ACE Hemmer einwerfen um den krisenhaften Blutdruckanstieg zu dämpfen. Er reagiert mit den Ansagen, der Reifendruck vorne links geht ständig runter und deshalb wäre es ein Sicherheitsrisiko sie damit fahren zu lassen. Oder der Wagen muss wieder in die Inspektion und die Restanzeige der Kilometer bis zur Inspektion reichen nur noch bis zur Werkstatt. *„Du weißt doch Schatz,* **WIR** *verlieren sonst die Garantie und das willst du doch nicht, oder?"*

Wer kann dazu schon Nein sagen?

Was soll das? Hören Sie auf, sich jeden Tag mit dem Aufstehen die Hölle anzufeuern und damit heiß zu machen. Es kostet wertvolle Energie die Sie in die Kindererziehung stecken könnten in die Planung des nächsten Urlaubs, oder dahin glücklich zu sein.

Also:

**Lassen Sie die Spielchen. Gehen Sie so mit
Ihrem Partner um, wie Sie wünschen, dass
dieser mit Ihnen umgeht.**

Energieräuber Nr. 17

Sie spielen Vater und Mutter in Ihrer Beziehung

Wenn Sie jetzt fragen sollten, was das jetzt wieder soll, so haben Sie Recht. Der alte Vorwurf:

"Dann geh doch zu Deiner Mutter!" hat bis heute eine wesentliche Bedeutung für Mann und Frau, weil im Ernstfall *"Sie"* zu Ihrer Mutter geht und *"Er"* seine Mutter heiratet.

Einerseits wollen wir mit aller Macht nicht das sein was unsere Eltern für uns waren, andererseits machen wir jedoch bei genauem Hinsehen genau das, was wir an unseren Eltern geradezu verabscheut haben. Was wir für spießig hielten wird Zug um Zug in unserem Leben Realität.

Vielleicht kommt spießig daher vom Begriff:
"Den Spieß umdrehen."

Oft spielt der Mann in der Beziehung den kleinen Jungen und die Frau ist in der Mutterrolle gefangen. Das ist aber auch normal, da ja meist die Mutterrolle zu Hause läuft. Auf der Arbeit ist er der Boss.

Entscheidend ist aber, dass die Partner es hinkriegen in ihrer eigenen Kommunikation, in ihrem eigenen Verhalten, nicht die Mütter und Väter zu sein, die ihre Eltern für sie waren und sind.

Das ist bei uns aber nicht so werden Sie sagen. Wir haben von Anfang an diese Rollen nicht übernommen.

Wunderbar! Kapitel überspringen!

Frage: *"Haben Sie Kinder? Ist nur einer von Ihnen beiden berufstätig? Wer ist zu Hause? Mann oder Frau?"* Versuchen Sie sich nicht selbst zu belügen. Schauen Sie bitte schonungslos sich selbst gegenüber hin und werden Sie Realist. Wann entstand der erste Frust in der zugewiesenen oder angenommenen Rolle?

Ich kenne den Fall einer prominenten Persönlichkeit In diesem Fall geht es um das schlechte Gewissen. Da er viel arbeitet, hat sie sich um die Kinder gekümmert. Wenn er Heim kommt, bekommt er sofort eine Liste mit Dingen in die Hand gedrückt, was noch zu tun ist und bis wann was erledigt sein muss.

„Das gäbe es bei mir nicht! Ich bin empört!" werden Sie sagen. Ja. Sie haben wieder Recht. Das ist empörend. Aber was daran ist denn empörend?

Dass **er** diese Liste bekommt oder dass **sie** diese

Liste schreibt? Ist es nicht eher so, dass Sie empört sind, oder berührt, weil Sie sich vielleicht wieder erkennen?

„Nein, keinesfalls", werden Sie sagen.

Ok, dann zur nächsten Empörung. In seinem Arbeitszimmer stand eine ältere Musikanlage und er wollte gerne eine neue. Also ab in den Media Markt und das Ding gekauft. So weit so gut. Dabei hat aber unser Mann ein sehr schlechtes Gewissen, weil nach seiner Meinung sie beim Entdecken des neuen Gerätes glatt sagen würde: *"Das Alte war doch noch gut, warum kaufst Du denn sinnloser Weise das Zeug neu?"* Unser Prominenter hat Fernsehauftritte, spricht vor vielen Menschen und muss sich Ausreden einfallen lassen, wenn er diese neue Stereoanlage kauft.

„Das kann man doch gar nicht mit mir vergleichen."

Wirklich nicht? Haben Sie ein Motorrad, ein teures Fahrrad, ein Hobby bei dem schon mal was kaputt geht? Davon darf aber die Frau nichts erfahren, weil sonst die Hölle los ist, da sie das Hobby nicht teilt. Na? erkennen Sie sich jetzt wieder?

Und was ist mit Ihnen, liebe Leserin? Sehen Sie mir jetzt bitte nach, dass ich ein paar Klischees bediene. Sie gehen doch auch regelmäßig zum

Frisör, lassen sich die Fingernägel machen oder auch zur Fußpflege. Sicher tun Sie das. Sie wollen doch auch gut aussehen, oder? Da ist jetzt aber dieses neue entzückende Düftchen von Dior, Cartier oder Polo oder, oder, oder. Bereits beim ersten Impuls, der meistens bei Männern und Frauen nur aus zwei Worten besteht, **"HABEN WILL!"** erkennen Sie Ihre Not. Wie erklären Sie es dem Partner?

Und jetzt überlegen Sie mal woher wohl diese inneren Impulse und Unsicherheiten kommen. Erinnern Sie sich noch an Ihre Kindheit? Da haben wir Äpfel geklaut – ist mittlerweile verjährt und das Verfahren wegen Geringfügigkeit eingestellt – sind in Nachbars Scheune rein – Hausfriedensbruch ist schon eine Nummer härter– haben eine D-Mark geklaut – damals gab es ja noch richtiges Geld und Diebstahl wäre dann die nächste Stufe – usw. Wie war es denn, wenn wir im Tante Emma Laden beim Spezialeinkaufen ohne Geld erwischt wurden? Da kannte man sich noch persönlich und es gab keine Anzeige. Oder wenn der Bauer zu Ihnen nach Hause kam und ein Riesentheater wegen der *"paar"* Äpfel machte.

Diese Zeiten sind vorbei. Heute, aus der Distanz können wir darüber lächeln. Aber damals sahen wir schon als Kinder plötzlich sehr alt aus. Na ja, es ist wie es ist. Wir alle haben es ja alle überlebt.

Warum also haben wir immer noch manchmal dieses schlechte Gewissen? Warum wirft **sie** ihm was vor und **er** ihr? Das kostet nur Nerven und bringt nichts. Oder kennen Sie jemanden der sofort gesagt hat: *"Ja, Du hast Recht ich kauf das nicht."* Insgeheim ist da dieser subversive Gedanke: *"Jedenfalls jetzt! noch nicht"*.

Hören Sie auf sich wegen so was zu belauern oder gar anzufachen. Besprechen Sie doch ganz offen, dass Sie dieses oder jenes gerne hätten. Handeln Sie den Partner nicht runter, dieser ist ja doch meist vernünftig und wird den jeweils anderen nicht in den Ruin treiben. Denn dieses Handeln nach dem Motto: *"Wofür brauchst Du das?"* zeigt Ihnen nur, dass Sie neidisch sind, weil Sie gerade jetzt mal nichts bekommen.

Also:

Behandeln Sie den Partner mit Respekt und Achtung. Das alles kommt zu Ihnen zurück.

Energieräuber Nr. 18

Sie vertrauen sich selbst nicht!

Erstmal zur Definition. Meine Theorie zum Bauchgefühl ist die, dass alles das, was wir als Unterbewusstsein, Körpergefühl, Seelenschmerz usw. bezeichnen im Grundsatz das Gleiche ist. Uns geht es nun mal nicht gut, wenn diese Gefühle oder die Beziehung zu diesen Gefühlen gestört ist.

Zwei Instanzen in unserem Körper kämpfen ständig miteinander um das Vorrecht zu sagen wo es lang geht. Dieser Kampf besteht seit *"Anbeginn der Menschheit"*. Das bedeutet nichts anderes, als dass ständig der Kopf, also der Verstand, mit dem Bauch, also dem Gefühl, im Widerspruch liegt.

Warum ist das so, dass mit dem Widerspruch und warum der Satz: *"Ihr Bauchgefühl betrügt Sie nicht?"*

Zu nächst einmal zum ersten Punkt, dem Widerspruch. Also ich betrachte den Verstand als gut trainierten Muskel, so eine Art Arnold Schwarzenegger im Kopf. Viele von ihnen werden sagen, dass 1000 Watt im Oberarm manchmal hilfreich sein können, aber wenn ganz oben kein Licht brennt ist es nichts. Das Bauchgefühl sind dann Sie, wie Sie wirklich sind. Klein, zerbrechlich und empfindsam, wie alle Menschen. Die einen mehr die anderen weniger. Jeder hat seine Stärken und Schwächen. Beim Zugeben sieht die Sache anders aus. Da werden nicht die Schwächen gezeigt sondern die Superhelden herausgekehrt, gegen die Superman nichts weiter als ein fliegender Umhang mit Beinen ist. In Wirklichkeit fühlen wir uns oft klein.

Folgendes Szenario:

Sie wollen mit Ihrem Partner Essen gehen. Ihr Partner möchte gern griechisch essen und Sie lieber italienisch. Was also tun? Erst mal so richtig diskutieren, warum italienisch besser ist als griechisch und anders herum. Die erste Frage, die Sie sich selber stellen sollten ist die ob es nicht völlig egal ist, ob griechisch oder italienisch. Hören Sie dabei auf Ihren Bauch! Denn bei genauem Hinsehen, oder besser hinfühlen ist es wurscht, ob Sie so oder so essen gehen. Der Verstand mischt sich sofort ein, als hätte er nur auf eine solche Gelegenheit gewartet und geht in die Auseinandersetzung als gäbe es kein Morgen. Oder aber es kommt die Resignation nur um keinen Stress zu haben.

Bei Ihrem Partner ist das nicht anders. Und jetzt? Kein Problem, werden Sie sagen, der Klügere gibt nach!

Ja, aber gibt der Klügere nach? Gibt er wirklich nach und hat dabei ein gutes Gefühl? Oder ist es nicht vielmehr so, dass es *"mal wieder nach ihrem oder seinem Willen geht"* und Sie nur keine Lust auf eine Auseinandersetzung haben?

Was sagt denn Ihr Bauchgefühl? Hören Sie doch mal genau hin! Da ist mit Sicherheit dieses Bedürfnis nach Ruhe und nicht nach Streitereien. Warum aber tun wir es doch? Und was hat das mit meinem Bauchgefühl zu tun?

Am Anfang stand es Arnold gegen Sie. Welch ungleicher Kampf werden Sie denken. Und was soll ich Ihnen sagen? Sie haben Recht. Arnold hat ja Muskeln ohne Ende, jedenfalls früher, und was hat die vermeintlich *"Kleine Person"* die ich bin? Diese vermeintlich *"Kleine Person"* hat eine ganze Waffenkammer zur Verfügung. Die würde den Arnold ganz schnell klein werden lassen, wenn wir dem Arnold nicht immer so viel Macht über uns geben würden.

Ihr Bauchgefühl sagt Ihnen völlig wertfrei was gut und was nicht gut für Sie ist. Im Kopf entsteht der Kompromiss. Im Kopf ist das vielleicht und das *"wird schon."*

Das ist der Leitsatz den Sie sich unbedingt einprägen sollten. Sie also, als der oder die Klügere geben immer wieder nach. Das Gefühl der

Klügere zu sein gibt Ihnen aber nichts außer Frust. Das Gefühl was Sie haben werden ist eher keine Lust oder ich bin müde. Und gerade eben waren Sie doch noch so motiviert und fit. Da haben Sie den Salat! Sie sind der Intelligenzprotz, weil klüger, und haben doch das Gefühl zu verlieren.

Sie haben nicht auf Ihren Bauch gehört Der hat Ihnen mit Sicherheit irgendetwas anderes gesagt als das, was Sie am Ende dann tun.

Jetzt zum Waffenarsenal. Sie sind gelangweilt, müde, haben keine Lust und das Essen war auch schon mal besser. Ein Gespräch kommt nicht in Gang und überhaupt: *"Warum habe ich diesen Partner geheiratet oder bin gerade mit dem zusammen?"* Haben Sie jetzt ernsthaft scharfe Waffen und Panzer erwartet? Die Dinge liegen viel feiner und die Mechanismen unseres Körpers sind vielfältig.

Hätte ich doch mal auf meinen Bauch gehört und den anderen Partner gewählt, aber dieser hatte halt so dies und das wie zum Beispiel das tolle Auto und die supergeile Wohnung und und und.

Im weiteren Verlauf werden Sie nach Jahren des Klugseins körperliche Beschwerden bekommen, oder gar Krankheiten entwickeln. Erst kommen Verspannungen im Schultergürtel. Dann geht es über Beschwerden im unteren Rücken weiter mit

Halsproblemen, Schulterschmerz, den Knien, Verdauungsstörungen usw. Und Sie fragen allen Ernstes was für Möglichkeiten unser Bauchgefühl hat, unser Unterbewusstsein?

Ihr Unterbewusstsein ist nämlich nach Jahren des Unterdrückt Werdens ziemlich sauer auf Sie, (Übersäuerung kann man doch mit Essen bekämpfen, oder?). Ja, die kleinen Aufmerksamkeiten, wie z. B. Schokolade, sind ja so lecker.

Stellen Sie sich ein kleines Kind vor, das keine Aufmerksamkeit bekommt. Das kann nach einiger Zeit ziemlich laut werden. Und dann haben Sie Spaß, besonders wenn es Ihres ist. Weil Schreikinder nicht überall beliebt sind! Seien Sie achtsam im Umgang mit den Menschen um Sie herum. Wir hören nicht auf uns und unser Gefühl und schon haben wir das eine oder andere Zipperlein.

Denken Sie mal darüber nach, warum die letzten Beziehungen zu Ihren jeweiligen Partnern schief gegangen sind. Nein! Nicht die Gründe, die am Ende die Ausrede für das Scheitern waren.

Denn nichts anderes als Ausreden sind es, die uns dann endlich die Trennung vom Partner möglich machen. Gehen Sie offen und sich selbst gegenüber schonungslos zum ersten Moment zurück an dem Sie den Partner gesehen haben. Suchen

Sie nach dem ersten Gefühl und nicht nach dem ersten Gedanken.

Ich selbst habe die Erfahrung gemacht, dass ein Minirock, lange Beine und High Heels, sowie ein ansprechendes Äußeres, das Bauchgefühl quasi mit der Straßenwalze platt machen können. Bei mir war das erste Gefühl: *"WOW, was für ein Anblick! Klasse Frau, aber die kriegt nichts gebacken."* Hätte ich auf mich gehört, wäre ihr und mir viel Streit und alles was so dazu gehört erspart geblieben. Aber wodurch lernen wir? Durch Erfahrung. Deshalb müssen wir, und andere, genau dieselben Fehler machen wie die Generationen vor uns, obwohl wir gewarnt wurden und andere es *„gut mit uns meinen.“*

Lernen Sie wieder auf Ihr Gefühl zu hören. Lernen Sie von den Kindern. Beim Essen lehnen Kleinkinder aus dem sicheren Bauchgefühl her ab, was ihnen nicht bekommt. Wir aber zwingen ihnen dann auf dies und das zu Essen. Hören Sie auf sich. Dieses *"Ich hatte da so ein Gefühl"*, sollte die Ermahnung für Sie sein, sich selbst zu trauen.

Also:

Vertrauen Sie sich!

Energieräuber Nr. 19

Sie sind unentschlossen!

Ich hatte eine Patientin, die nicht wusste, was sie machen soll. 46 Jahre alt, Führungskraft in einem pädagogischen Gartenbaubetrieb und normalerweise gewöhnt Anweisungen zu geben und zu handeln. Aber in einer nun anstehenden Entscheidung einen Betrieb zu übernehmen oder einen anderen Beruf zu machen ist sie nicht handlungsfähig.

Wie kommt so etwas?

Da ist zum einen der Wunsch nach Sicherheit. Zum anderen der Wunsch nach etwas neuem, dass einem die Freiheit geben soll. Zum dritten wäre da etwas, was wir nur allzu gerne benutzen: Flucht und Ausreden! Und zwar die Flucht nach vorn. Nur um die Entscheidung herum zu kommen, nehmen wir manchmal Dinge in kauf, die wir nicht wirklich machen wollen. Und schon greift wieder der erste Punkt: Sicherheit. Finanzielle Sicherheit, obwohl bei vielen von uns diese ja schon vorhanden ist.

Verlustangst blockiert uns Schritte zu tun!

Was ist denn, wenn Sie gedanklich Gefahr laufen alles zu verlieren? Das macht Angst und diese

Angst entsteht im Kopf. Wie, alles verlieren? Ja, ganz einfach. Wenn Sie sich an der Börse verspekulieren, für den Aktienkauf auch noch verschuldet haben, dann können Sie alles verlieren.

So fangen Sie also einen neuen Beruf an oder, wie in unserem Fall, übernehmen einen Betrieb mit 15 Mitarbeitern. Das kostet eine Menge Geld und birgt das Risiko das es schief geht.

Gleichzeitig ist da aber auch die Chance, dass es gut geht. Aber woher kommt in unserem Fall die Angst? Es fehlen Informationen!

Was brauchen Sie den für Informationen wenn Sie einen Betrieb übernehmen wollen? Fragen Sie hierzu bitte Ihre Bank oder Ihren Steuerberater, am Besten alle beide. Sie wären überrascht was die alles wissen wollen.

Das Zeitfenster für die Übernahme des Betriebes liegt bei ca. 1,5 bis 2 Jahren. Der Beruf macht unserem Fall sehr viel Spaß und das ist so etwas wie ihr Traumberuf. Aber vom Betriebsübergebenden hat sie bis zum heutigen Tag keine Informationen, keine Zahlen, Daten, Fakten, nichts. Was soll das denn werden? Weiterarbeiten bis der Tag der Übergabe naht? Vielleicht kommt der Betriebsübergebende auf die Idee 250.000,00 € zu verlangen als Ablöse, vielleicht auch mehr. Und nach all dem Warten und Zittern ob alles klappt, nachdem viel Zeit verschwendet wurde erfährt unsere Unternehmerin in spe, dass alles zu teuer wird.

Sie kommt in der Zwischenzeit auf die Idee für 10.000,00 € einen Crashkurs zu belegen, in dem ihr in einem halben Jahr eine Ausbildung vermittelt wird. Damit will sie sich am Ende selbstständig machen.

Was für ein Durcheinander! Was Neues nur aus Unsicherheit heraus. Dazu eine gehörige Portion Unentschlossenheit und schon war's das. Stillstand!

Warum kommt sie denn auf so eine Idee werden Sie fragen? Ganz einfach! Sie fühlt sich in einer ausweglosen Situation. Hier keine Informationen zum Betrieb und da eine Ausbildung.

Sie kann sich nicht entscheiden! Wie viele von uns suchen wir dann unser Heil in der Flucht. Wir lenken unsere Aufmerksamkeit auf andere Dinge, nur um nicht mit einer Entscheidung konfrontiert zu werden.

Nach einiger Zeit hat unsere Unternehmerin alle Informationen zusammengetragen und die notwendigen Kontakte zu Banken und Beratern hergestellt. Alle zusammen kamen zu dem Schluss, dass die Sache ein paar Nummern zu groß für sie war. Eine große Erleichterung war ihr anzusehen und plötzlich konnte sie wieder klar denken und Entscheidungen treffen, die aus dem Bauch heraus kamen.

Also:

Wenn Sie etwas tun wollen, egal wie groß es ist, so holen Sie sich so viele Informationen wie nur irgend möglich zusammen und scheuen Sie sich nicht Geld für Berater auszugeben. Setzen Sie sich zeitliche und finanzielle Limits. Dann handeln Sie entschlossen und Sie werden merken, es lohnt sich keine Zeit zu verschwenden.

Energieräuber Nr. 20

Sie suchen Ausreden für das was Ihnen passiert.

Sie werden sich sicher wieder erkennen: *"Erst muss sich das und das ändern, bevor ich da etwas mache!"* Oder: *"Ich sehe gar nicht ein, warum ich zuerst was bei mir verändern soll. Soll **ER/SIE** doch erstmal machen, dann sehen wir weiter!"*

Nein? Dann gehören Sie zu den 3 Prozent der Menschen die glücklich sind und keine Probleme haben.

Vielleicht aber jetzt?

Ein sehr erfolgreicher Broker, der viel nachts zu Hause arbeitet, kommt zu mir, weil in seiner Beziehung nichts mehr läuft und alles in Gesprächen nur noch aus Verteidigungsstrategien und gegenseitiger Abgrenzung besteht. Salopp gesagt keifen sich die beiden so richtig an. Ein Sohn wohnt noch zu Hause und ist 17 Jahre alt.

Da sitzt also dieser Mann mit einem sechsstelligem Jahreseinkommen bei mir und erzählt mir etwas von *"Ich kann mich nicht entscheiden"* oder *"was soll ich nur machen?"* Stellen Sie sich das mal bildlich vor: Erfolgreich, gewöhnt mit Millionenbeträgen umzugehen, perfekt gekleidet usw., aber nicht fähig zu Hause Entscheidungen zu treffen. Und das ist jemand, der aus einem Beruf kommt, in dem es manchmal auf eine einzige Sekunde ankommt, die über viel Gewinn oder weniger viel Gewinn entscheidet.

Ich ließ mir seine Geschichte erzählen. Dabei fiel auf, wie oft er die Formel oder auch Floskel: *"Wenn sich das und das ändert, dann......"* Ja? Was dann? Was ist denn dann wirklich? Hat sich dann die Frau verändert, der Sohn, der Broker selber?

Nein!

Gehen Sie Ihre drängenden Probleme sofort an!

Denken Sie an den Bumerang. Nur wenn Sie es entschlossen angehen, erzielen Sie auch positive Ergebnisse für alle anderen um Sie herum.

Auch hier kam wieder das gleiche Ergebnis am Ende einiger Stunden, was auch sonst immer zum Tragen kommt. Eine deutliche Aussprache, ohne dem anderen permanent die Schuld zu zu weisen, brachte es zu Tage. Sie glauben ja gar nicht, was in fast 30 Jahren Ehe eingeschliffen werden kann. Aber hier führte es nach einigen sehr aufregenden und aufreibenden Wochen zu einem Happyend.

Andere Beispiele gefällig?

Viele Menschen kommen zu mir und erzählen mir, sie seien wohl beziehungsunfähig. Was heißt das denn? Beziehungsunfähig! Können Sie mit anderen Menschen reden und soziale Kon-takte pflegen ohne gleich zu *„Jack the Ripper"* oder *„Top Terrorist"* zu werden? Wieso bitteschön sollen Sie denn dann beziehungsunfähig sein?

Was aber oft passiert, ob bewusst oder unbewusst ist folgendes:

"Wir wollen den anderen Menschen mit dem wir zusammen sind verändern!"

Am Anfang ist das erstmal auch kein Problem, die Verliebtheit und die Hormone machen es möglich Aber nach dieser *"Einarbeitungszeit"* in die Beziehung beginnt langsam der Zersetzungs-prozess Von den am Anfang alles mit erledigten Dingen wie dem Einkauf oder den *"berüchtigten"* *„Müllrunterbringen"* bleibt meist nach einem oder anderthalb Jahren nicht viel übrig. Meist ist man hier schon mal genervt und bekundet es auch so. Das *"Oh Mann, nee"* oder das enttäuschte hängen lassen der Schultern als das sind Dinge die beginnen zu passieren. Nun aber die Kalaschnikow raus geholt *(russische Maschinenpistole, sehr robust, überlebt auch Jahre ohne Pflege in allen möglichen*

Putzmittelschränken) und dem Partner mal so richtig eine zwischen die Augen geballert.

"Wart nur, wenn Du meinst ich bin Deine Magd, dann aber!"

oder

"Wenn die glaubt, ich stelle mich unter ihren Pantoffel..."

Und schon beginnt die Prozedur mit den Ausreden. Auf ihre Frage: *"Kannst Du auf dem nach Hause Weg noch schnell dies und das aus dem Supermarkt mitbringen?"* antwortet er: *"Ouh, heute muss ich länger Arbeiten und nachher gehen wir mit den Kollegen noch was trinken, sonst gerne. Morgen vielleicht."*

Wenn er sie quengelig fragt: *"Wieso sind eigentlich die Hemden nicht gebügelt. Ich wollte das Blaue heute anziehen und nun kann ich das nicht!"* antwortet sie: *"Ich kam nicht dazu. Ich musste einkaufen, waschen, trocknen, putzen, den Wagen voll tanken, mit Katia Cappuccino trinken, meine Aerobicstunde nicht zu vergessen, dann rief Deine Mutter an, der Schornsteinfeger war da, die DVD musste zurück in den Verleih und Deine Socken lagen auf der Couch. Aber sonst war nichts, deshalb kam ich noch nicht dazu."*

Kennen Sie das? Wie jetzt da raus? Und was hat das mit Ausreden zu tun?

Eine ganze Menge! Denn hier stimmte von Anfang an was nicht. Ich wette Sie kennen das. Hier gibt es nur eins: Zurück auf Start und eiligst offene Gespräche anfangen. Denn hier beginnen die Ausreden schon früh.

Also:

Suchen Sie die Fehler bei sich. Keine Ausreden! Ausreden kosten Hirnleistung und fliegen doch früher oder später sowieso auf.

Energieräuber Nr. 21

Sie geben auf!

Sie werden sicher denken: *"Wie ist der denn drauf! Ich kann doch nicht einfach aufgeben und dann soll ich auch noch durchstarten."*

Doch Sie können und Sie wollen! Denn sonst hätten Sie das Buch nicht gekauft oder gelesen. Sie verändern sich. Jeden Tag aufs Neue.

Verabschieden Sie sich von dem Leitsatz: *"Warum nicht wollen das die anderen sollen."* **Sie** müssen es machen!

Sie, Sie und noch mal Sie, sind die einzige Person, die Ihr Leben verändern kann.

Von gelegentlichen Missgeschicken, die Menschen nun mal passieren können, einmal abgesehen. Wenn Sie, und nur Sie, aufhören Ihre alten Dogmen im Kopf zu bedienen und immer noch die Wehleidsnummer mit dem was Ihnen dann alles angetan wird durchziehen, wird sich nichts, aber auch gar nichts verändern. Sie werden verarscht? Na dann schauen Sie mal hin, wen Sie schon alles verarscht haben. Wie oft waren Sie denn selber der, der Sie verarscht hat?

Sie werden übergangen? Wen und wie oft haben

Sie übergangen? Haben Sie sich selbst übergangen? Auf sich selbst nicht gehört? Schauen Sie dabei nicht nur zu Hause oder im Betrieb, schauen Sie überall hin.

Wissen Sie noch zu Anfang des Buches? Sie bekommen nicht immer alles mit dem Gleichen heimgezahlt. Aber das das passiert ist auf jeden Fall gesichert. Es sei denn, Sie verändern in Ihrem Kopf etwas. Denken Sie schlecht über andere? Dann denken die anderen auch schlecht über Sie! Sie betrügen Ihren Partner? Dann wird Ihnen das früher oder später auch passieren. Deshalb:

Geben Sie die alten Muster in Ihnen auf!
Dann können Sie wie befreit durchstarten!

Stellen Sie sich vor, Sie sind eine wehrhafte Burg. So richtig mit Wassergraben, Burgtor und Zugbrücke und Türmen, so viele Türme und Zinnen wie Sie nur wollen. Diese Burg lässt sich prima verteidigen. Erkennen Sie aber auch den großen Nachteil dieser Burg? Um zu sehen was ein paar Kilometer außerhalb der Burg passiert müssen Sie die Brücke runter lassen und das Tor öffnen und zu den anderen Menschen gehen. Das aber macht Sie verwundbar! Na, werden Sie vielleicht denken, ich habe ja mein Schwert und meine Rüstung dabei. Aber was nützt es Ihnen für die Kommunikation mit anderen? Die sehen Sie mit Ihrer Kluft und schon haben Sie den Salat.

Die haben erstmal Angst und werden ihrerseits die Waffen auspacken. Kommen Sie aber als Ottonormalritter daher, so ohne Waffen und freundlich und aufgeschlossen, so wird man Ihnen auch so entgegentreten.

Außerdem macht diese Burg, so sicher sie Ihnen auch erscheint, auch unglaublich immobil. Tragen Sie die mal weg. Daher kommt wohl auch der Begriff Immobilie. Sie sind im wahrsten Sinne des Wortes nicht mobil mit Ihrer Burg. Also auch unflexibel.

Hören Sie auf in alten: *"Ich wurde aber dadurch und so und überhaupt verletzt!"* Sätzen zu denken. Von den alten Personen können Sie sich, bis auf ein paar Ausnahmen, trennen. Aber die neuen, die Sie doch noch gar nicht kennen, die sind interressant für Sie. Die haben neue Ideen und Ansichten. Immer wieder werden Ihnen zu bestimmten Zeiten im Leben Menschen begegnen, die Informationen, in welcher Form auch immer für Sie haben. Lernen Sie durch hinschauen wer diese Personen sind, welche Situationen sich immer wiederholen. Dann haben Sie den Hauptschlüssel für Fort Knox und den Schatz der Schätze!

Den Schlüssel fürs Leben und die Leichtigkeit des Seins. Und dann können Sie auch so richtig Gas geben und ein erfülltes Leben führen.

Lösungen im Leben sind ganz einfach! Nicht immer leicht, aber einfach!

Die Evolution verträgt keine komplizierten Beziehungsgeflechte und Kreationen. Kompliziert stirbt einsam und verlassen aus. Wenn Sie im Geist zu schwerfällig sind und nicht flexibel reagieren können, weil Sie noch mit Nachtragen oder beleidigt sein beschäftigt sind, unterscheiden Sie sich nicht von irgendeinem Seismosaurus der mit seinen 60 Tonnen Gewicht versucht einen Park-platz vor einem Einkaufszentrum zu bekommen.

Die meisten außen herum werden meckern und sich beschweren, wieso Sie soviel Raum benötigen und so viel Aufmerksamkeit bedürfen. Hier wäre dann ein Grund genannt, warum wir soviel Tam Tam machen. Aufmerksamkeit! Ziemlich guter Grund. Aber brauchen Sie den? Und wozu. Hören Sie auf sich von anderen abhängig zu machen und die anderen kommen zu Ihnen und wollen wissen wie Sie das machen.

Geben Sie Ihre „*guten*" alten Denkmuster auf! Ihre Mutter und Ihr Vater haben alles getan was in ihrer Macht und in ihrem Vermögen stand um Sie zu dem zu machen was Sie heute sind.

Sie können nichts zurückholen, nichts in Ihrer Vergangenheit verändern. Sie haben noch nicht einmal die *"Seven Days"* der Serie. (In dieser Serie geht es um die Möglichkeit, sieben Tage in die Vergangenheit zu reisen und Dinge ungeschehen zu machen). Und was würde es ändern? Sie wären permanent mit Zeitreisen beschäftigt, weil Sie merken würden, dass, wenn Sie eine einzige Begebenheit in Ihrer Vergangenheit verändern, verändern Sie auch die ganze Zukunft und Gegenwart

Kleben Sie nicht an den alten Vorstellungen, dass wenn Sie dies tun, wird das passieren. Seien Sie dem Leben offen gegenüber und nicht so voreingenommen, wie es die meisten Menschen leider sind.

Beispiel:

Wenn Sie früher zu jemandem gesagt haben, dass Sie etwas nicht wollen, taten Sie dies mit einem schlechten Gewissen. Wenn Sie das nun ohne dieses schlechte Gewissen tun, werden Ihnen kaum Fragen gestellt werden. Bedenken Sie jedoch eines: *„Wenn Sie anfangen für sich selbst einzustehen und sich zu verändern, werden Sie ca. 50% der Menschen die Sie jetzt kennen, dann nicht mehr kennen"* Diese Menschen vertragen Ihre plötzliche Stärke nämlich nicht und sind mächtig beleidigt, weil Sie nicht mehr auf ihr Spiel eingehen. Und das wunderbare daran ist: *„Es kommen neue, für Sie wichtige Menschen in Ihr Leben."*

Was heißt denn „*dem Leben offen gegenüber sein?*"

Nichts anderes als zu akzeptieren, dass jeder Tag, jede Stunde, jede Minute und jede Sekunde Veränderung passiert. Die Erde steht bei ihrem täglichen Umlauf in jeder Sekunde anders zur Sonne. Wenn für die Löwen in Afrika ein bestimmtes Gebiet nicht mehr genug Nahrung bietet, ziehen Sie weiter und gehen dahin wo es Nahrung gibt. Nur wir glauben manchmal, dass alles so bleibt wie es ist.

Erinnern Sie sich an die „*Jacobs-Krönung-Werbung*" mit der Frau auf der Terrasse die gefragt wird: „*Wenn Sie sich was wünschen dürfen, was würden Sie sich wünschen?*"

Verblüffende Antwort:

„*Dass alles so bleibt wie es ist.*"

Bäh, was ist das denn? Für den Rest Ihres Lebens auf einer Terrasse sitzen und Kaffee trinken? Wäre das auch Ihre Vorstellung?

Lassen Sie Veränderung zu! Genauso wie Menschen sterben, genauso werden Menschen geboren. Das ist der Lauf des Lebens. Und so stellen sich manche Menschen die Frage:

„Gibt es ein Leben vor dem Tod?"

Sie lachen, aber mal im Ernst. Lassen Sie es zu.
Nur dann werden Sie Ihre Energie bündeln können Sie werden ruhiger, stärker und selbstbewusster. Aber, nehmen Sie sich dafür Zeit. Unsere
Ungeduld bringt uns immer wieder davon ab. Wir
wollen schneller sein als andere. Dabei vergessen
wir oft, dass jeder Mensch sein eigenes Tempo
hat.

Starten Sie durch mit der Gewissheit, dass alles
was Sie wollen möglich ist. Dass alles, was Sie
sich vorstellen können, auch passieren kann.
Allerdings passieren auch die negativen Dinge,
wenn Sie daran denken, ebenso wie die positiven.

Zu entscheiden was Sie denken wollen überlasse
ich Ihnen. Mein Ziel ist nur das Ideen geben.
Geben Sie sich Zeit und überprüfen Sie sich
selbst und Ihre Gedanken und Handlungen
immer wieder. Bringt das, was Sie tun, Sie dahin,
wohin Sie wollen? Wenn nicht, verändern Sie etwas. Das ganze Leben ist Veränderung. In jeder
Sekunde.

Also:

*Hören Sie auf mit den "ollen" Kamellen.
Suchen Sie sich die Gedanken, die Ihnen
angenehm sind. Tun Sie Dinge, die gut für
Sie sind. Handeln Sie auch danach und Sie
werden sehr schnell merken, dass das gut für
Sie ist. Geben Sie alte Muster auf und starten
Sie durch zu mehr Leistung, Energie und
Frische.*

Nachwort

In meiner täglichen Praxis höre ich immer wieder, das Menschen glauben, sie können dies und das nicht tun, weil der Partner dann ausflippt oder sich scheiden lässt und und und. Wieso glauben Sie eigentlich so wenig an Ihre jeweiligen Partner? Warum sollen denn die Eltern und die verkorkste Jugend daran schuld sein?

Wie zuvor beschrieben gibt es die Anlagen aus der Jugend. Aber die Veränderung, die können Sie jederzeit starten. Natürlich ist es so, dass Veränderungen erst einmal unbequem sind. Aber wenn Sie sich trauen sich zu verändern, dann vertrauen Sie auch Ihrem Partner, dass er oder sie das auch kann. Und am deutlichsten vertrauen Sie sich dann plötzlich selbst. Sie machen dann eine Erfahrung, die andere Ihnen nicht beschreiben können.

Dieses Grinsen im Gesicht, welches nicht weichen will, weil Sie so glücklich sind.

Außerdem wären Sie doch nicht auf der Suche nach Lösungen, wenn Ihnen Ihr Körper und Geist nicht schmerzen bereiten würde, oder? Oder gehen Sie aus Spaß zum Arzt?

Hier nun einige Möglichkeiten, wie Sie Dinge leicht verändern:

1 Wenn Sie nach Hause kommen, erstmal eine *halbe Stunde Ruhe für sich selbst*. Ich weiß, wie schwierig das ist, besonders wenn Kinder da sind. Was finden Sie besser? Mit vollem Kopf, d. h. noch alles vom Büro und dem Tag drin und alles strömt auf Sie ein? Oder aber erstmal Ruhe, runter kommen und locker werden, um dann Zeit für die Familie zu genießen.

2 Wie kommen Sie nun dazu sich selbst mehr zu mögen? Jaja, ich weiß, Sie mögen sich. Wie aber zufriedener und ruhiger mit sich selbst. Wut und Zorn so langsam aber sicher in den Griff kriegen. *10 Minuten!* Sie brauchen dafür 3 x die Woche lausige 10 Minuten! Stellen Sie sich völlig entkleidet 10 Minuten vor einen Spiegel in dem Sie sich ganz sehen können und schauen Sie sich dann dabei 10 Minuten in die Augen und auf Ihren Körper. Denken Sie negativ, ersetzen Sie diesen negativen Gedanken durch etwas schönes, wie z.B. ein Bild vom letzten Urlaub oder ähnlich. Sie werden nach den ersten Malen merken, wie viel unbeschwerter Sie sich fühlen. Sie haben Ihr Ganzes gesehen.

3 *Rufen Sie* Menschen, mit denen Sie im Streit oder Groll liegen, *an* oder treffen Sie sich mit ihnen und klären Sie diese Dinge. Schreiben Sie sich dabei jeweils auf um was es wirklich geht.

Sie werden feststellen, dass das meiste fast schon, aus jetziger Sicht, lächerlich ist.

4   Lernen Sie vergeben. Bärbel Mohr hat in einem ihrer Bücher so wunderbar geschrieben das, wenn Sie jemand jetzt geärgert hat, sei es beim Autofahren oder beim Einkaufen, in der Firma oder sonst wo, ein kleines *„Friede sei mit Dir"* wahre Wunder bewirken kann. Finden Sie Ihren ganz persönlichen Satz, wie Sie im Geiste, ohne den anderen anzusprechen, Vergebung üben können und ihn/sie damit aus der Verantwortung lassen.

5   Wenn Sie Menschen, aus welchen Gründen auch immer, schon lange nicht mehr gesprochen haben, so melden Sie sich bei ihnen. Manche werden sich freuen, andere nicht. Aber Sie zeigen Interesse und bekommen **Klarheit,** wer auf Ihrer *Liste der Bekannten im Gehirn* gestrichen werden muss und wer nicht.

6   *Machen Sie auch den Frieden mit sich selbst.* Immer wieder kommen Menschen zu mir, die Sport extrem betreiben. Die extrem viel Alkohol trinken, ohne dass man ihnen das anmerkt. Oder gestresste Manager, die LSD, Koks und Extacy schmeißen als gäbs keinen Morgen. Diese Menschen brauchen das nicht nur zum Abschalten, sondern auch um sich selbst immer wieder zu spüren. Andere fügen sich

Schmerzen zu, oder lassen sich Schmerzen zufügen. Gehen Sie liebevoll mit sich selbst um. Der „*tolle Hecht und Supermann*" ist meist doch nur ne arme Sau, die sich selbst nicht liebt. Wer sich selbst nicht lieben kann, wird es schwer haben, andere zu lieben. Daraus entsteht Eifersucht, Hass und Zorn.

Die Menschen, die bereit sind sich zu verändern, haben die schönsten Erfahrungen Ihres Lebens gemacht, als Sie begonnen haben ihre alten Muster abzulegen. Haben Sie den Mut das auch zu tun. Ich wünsche Ihnen, dass Ihnen all das gelingt, was Sie vorhaben. Und denken Sie daran:

Sie schaffen es, denn Sie sind ein toller Mensch.